Karow-Süd in den 1950er Jahren

Klaus Priese

Bibliografische Information der Deutschen Nationalbibliothek: Die
Deutsche Nationalbibliothek verzeichnet diese Publikation in der
Deutschen Nationalbibliografie; detaillierte bibliografische Daten
sind im Internet über dnb.dnb.de abrufbar.

© 2021 Klaus Priese
Herstellung und Verlag: BoD – Books on Demand, Norderstedt
ISBN: 978-3-7557-1182-7

Klaus Priese

KAROW-SÜD IN DEN 1950ER JAHREN

Geschichte einer Kindheit in den Berliner Ortsteilen Karow, Blankenburg und Buch und darüber hinaus. Berliner Alltag eines Kindes in nördlichen Ortsteilen Berlins und seine ersten Schritte in die Numismatik

INHALTSVERZEICHNIS

PROLOG

Was soll ein Mensch wie ich schon mitzuteilen haben, auch wenn man viele Jahre angesammelt hat und natürlich das eine oder andere erlebt hat. Alles verlief durchschnittlich, wie tausende andere Lebensgeschichten auch. Von großen Leistungen für die Allgemeinheit, von wichtigen Begegnungen mit hochprominenten Zeitgenossen, gesellschaftsverändernden Erkenntnissen oder einem weiten Bekanntheitsgrad kann bei mir nicht die Rede sein. Tausenden veröffentlichten Biografien wird nun eine weitere hinzugefügt, lohnt trotzdem ein Lesen?

Ich denke, ja. Zunächst einmal werden meine nächsten Angehörigen, manche Freunde und Bekannte, da sie in meinem Leben große und kleine Spuren hinterlassen haben und deshalb im Buch beschrieben werden oder Erwähnung finden, ein Interesse haben. Vor allem den jüngeren soll meine Sicht der Dinge nähergebracht werden, so hoffe ich. Manche meiner Lebensbegleiter hat der Tod schon abberufen, ich hätte heute so viele Fragen an sie. Was einmal aufgeschrieben ist bleibt und jüngere können mit ihren Fragen Antworten finden. Mein Appell an die jungen Leute – fragt die Älteren solange es noch möglich ist.

Des Weiteren ist die Zeit meiner Kindheit und Jugend vom Ende des 2. Weltkrieges bis kurz vor dem Mauerbau eine interessante Zeit, wenn auch die materiellen Lebensumstände verglichen mit heutigen Gegebenheiten, karg waren und sich nur Schritt um Schritt verbesserten. Als Kind hat man eine eigene Sicht auf die Dinge und die Welt, die man begreifen wollte, war unendlich groß, vielfältig und spannend.

Die andere Seite meiner Erinnerungen besteht darin, ein Bild von Karow, Buch, Blankenburg und anderen Teilen Berlins aus den 1950er Jahren zu zeigen, wie ich es aus meiner Sicht erlebt habe. Mich hat schon früh als Kind interessiert, wenn im Garten eine Grube ausgehoben wurde und man die Erdschichten sah oder die vielen überall herumliegenden kleinen und teils farbigen Granit- und Feuersteine in die Hand nahm und fragte mich, was war hier an dieser Stelle vor 1000 oder 5000 Jahren? Wer hat hier gelebt, welche Tiere standen an dieser Stelle. Ab der 5. Klasse gaben die nun neuen Schulfächer Geschichte, Erdkunde, Biologie u.a. nach und nach Antworten. In dieser Zeit erwachte das Interesse an der Numismatik, die später mein Leben beruflich bestimmen sollte. Im neuen Schulfach Geschichte kamen normale, durchschnittliche Menschen aus unserer Gegend nicht vor. Sie aber stellen die Grundlage, die feste Basis jeglicher menschlichen Gemeinschaft dar. Die Großen dieser Welt geben der Gemeinschaft Impulse, neue Ziele und setzen sie durch. Aber auch sie stehen auf den Schultern unzähliger Menschen, nicht nur die der Gegenwart.

Über die Geschichte von Karow, Buch und Blankenburg ist schon manches geschrieben worden. Ich füge ein weiteres Bild aus der Perspektive Karow-Süd hinzu.

FAMILIENSTAMMBAUM

Als erstes muss dem Leser eine Übersicht hinsichtlich der Familie gegeben werden, damit er weiß, welche Akteure in den folgenden Beschreibungen eine Rolle spielen und wie sie einzuordnen sind. Die wichtigsten werden in diesem Kapitel beschrieben, andere an den Stellen, wo sie für mich in den Vordergrund traten.

Zuerst die Familie meines Vaters, die Familie Priese. An Hand vorliegender Unterlagen kann ich die Familie bis zu meinem Ururgroßvater zurück verfolgen, sie stammt aus dem anhaltinischen. Mein Ururgroßvater hatte den Namen Johann Gottlieb Priese wurde 1809 in Güsten geboren und starb 1870 in Osmarsleben. Dessen Sohn, mein Urgroßvater führte den Namen Christian Karl Priese, geboren 1853 in Osmarsleben und gestorben 1933 in Berlin. Als Beruf wird Siedemeister angegeben. Sein Sohn, mein Großvater und das erste Familienmitglied, das ich kennenlernte, war Karl Friedrich Priese, geboren 1879 in Hecklingen, gestorben 1964 in Heilbronn. Er war Schlossermeister. Die Namen der weiblichen Seite sind ebenfalls bis 1808 erhalten. Ich führe sie hier aber nicht auf, das Durcheinander wäre zu groß und beginne mit meiner Großmutter Martha Anna Mathilde Schwerdtfeger, geboren 1877 in Poldemin in Pommern als Tochter eines Bauern und gestorben 1962 in Heilbronn. Die Rufnamen meiner Großeltern waren Karl und Martha. Beide lernten sich in Berlin kennen, heirateten 1904 in Pankow und gingen etwa 1910 nach Köslin in Pommern, wo meine Großmutter, die aus der Kösliner Gegend stammte, eine Erbschaft antrat, die es den beiden ermöglichte, sich in Köslin eine Existenz aufzubauen. Dazu erwarben sie ein Haus in der Innenstadt Köslins mit einer Werkstatt. Ihre Kinder Walter, geboren 1905 in Pankow, Herbert, mein Vater, geboren 1907 in Treptow, Lucie, geboren 1908 in Treptow, Otto, geboren 1912 in Köslin und als letztes Kind Alfred, geboren 1917 in Köslin, vervollständigten die Familie. Trotz einer gesicherten Existenz, konnte die Familie keine großen Sprünge machen. Mein Vater, Herbert erzählte immer, dass die Kinder im 1. Weltkrieg nur Holzlatschen, auch im Winter, trugen. Es musste sparsam gewirtschaftet werden, was meine Großmutter zum Glück verstand. Mein Großvater war kaisertreu und als ich später mit ihm über die Kriegszeit 1914 bis 1918 diskutierte, ließ er auf seinen Kaiser nichts kommen. Für die NS-Zeit hatte er eine ganz andere Meinung und bezeichnete Hitler und die Seinen als Verbrecherbande. Er hatte diese Meinung im Übrigen von Anfang an, wie er mir glaubhaft versicherte. Büßen musste er trotzdem. Sein Lebenswerk in Köslin versank am Kriegsende in der riesigen Schuld, die die Deutschen, ob schuldig oder nichtschuldig, in den Jahren der Hitlerdiktatur angehäuft hatten. Meine Großeltern und Tante Lucie mit ihren beiden Kindern, meine Cousins Ekkehard und Hans-Jörg landeten am Ende der Flucht schließlich in Flensburg. Von dort übersiedelten sie Anfang 1952 nach Heilbronn.

Meine Großeltern Karl und Martha Priese bei einem Besuch in Berlin, etwa 1958

Mein Vater Herbert Priese erlernte in Köslin von 1924 bis 1927 den Beruf eines Bäckers und kam um 1930 nach Berlin, wo er 1941 seine Meisterprüfung ablegte. Hauptsächlich arbeitete er in Berlin als Brotbäcker in der Brotfabrik Heinersdorfer Mühle, in der Prenzlauer Promenade. Geplant war immer eine eigene Bäckerei zu betreiben. Der Krieg durchkreuzte solche Ambitionen, 1943 wurde er als Soldat eingezogen und arbeitete als Wehrmachtsbäcker an der Atlantikküste in Frankreich. Nach seiner Rückkehr aus der französischen Kriegsgefangenschaft 1946 blieb er seinem Bäckerberuf bis 1953 treu. Danach schulte er auf einen neuen Beruf als Bauarbeiter um. Zunächst bei einer privaten Firma, dann beim VEB Tiefbau und zum Schluss bis zum Renteneintritt auf dem Versuchsbauhof der Bauakademie in der Frankfurter Allee. Der Grund bestand darin, dass Bauarbeiter erheblich mehr Lohn erhielten, als Bäcker. Als Bauarbeiter war er an vielen interessanten Bauvorhaben beteiligt, wie dem Ausbau des Flughafens Schönefeld und auch der Errichtung der Sellheimbrücke.

Mein Vater lernte Anfang der 1930er Jahre in Berlin meine Mutter Erika Hilger kennen und sie heirateten 1933.

Meine Eltern Herbert und Erika Priese bei ihrer Hochzeit 1933 in Berlin

Meine Mutter war gelernte Verkäuferin für Back- und Konditoreiwaren und arbeitete in einer Berliner Konditorei. Hätte es später mit der eigenen Bäckerei geklappt, sie wären ein gutes Team mit Sachkunde gewesen und vielleicht wäre auch mein Lebensweg anders verlaufen. Aber zunächst waren beide nach der Hochzeit von Arbeitslosigkeit betroffen und mussten von der geringen Unterstützung leben. Erst Anfang September 1934 konnte mein Vater in der Heinersdorfer Mühle eine neue Tätigkeit aufnehmen. Das war auch dringend erforderlich, denn am 27. Oktober 1934 erfuhr die Familie Zuwachs, meine Schwester Eva wurde geboren. 10 Jahre später, am 18. Juli 1944, wurde ich geboren, meine Schwester hatte endlich einen heißersehnten Bruder und die Familie war komplett

Meine Schwester Eva (12jährig) und ich (2jährig) im Jahr 1946

Als nächstes folgt die Familie meiner Mutter, die Hilgers. Die lässt sich nur bis 1831, zu meinem Urgroßvater zurück verfolgen. Dieser hieß Ernst Hilger, wurde 1831 geboren, starb 1906 und war Molkereibesitzer in Hertwigswaldau in Schlesien. Sein Sohn, mein Großvater, hieß Ernst Heinrich Gotthardt Hilger, geboren 1861, gestorben 1917. Er war Ingenieur und betrieb später eine Gastwirtschaft. Gestorben in der Zeit des 1. Weltkrieges ist er nicht an Kriegsereignissen, sondern an einer Krankheit. Er hinterließ seine Frau Maria Ida Emilie Hilger, geborene Görs, geboren 1865 und gestorben 1922. Die beiden hörten auf die Rufnamen Gotthardt bzw. Maria. Ihre Kinder Max, geboren 1899 in Berlin, Charlotte, geboren 1905 ebenfalls in Berlin und meine Mutter Erika, geboren 1909 in Gremsdorf/Schlesien waren nun Waisen. Dazu kam, dass das kleine Vermögen aus dem Verkauf der Gastwirtschaft nach dem Tod meines

Großvaters Gotthardt 1917 in der Inflation wertlos wurde. Die beiden Schwestern Charlotte, nur Lotte genannt und Erika kamen bei Verwandten unter. Eine schwere Zeit für meine Mutter, die beim Tod ihrer Mutter ja erst 13 Jahre alt, und nun Waise war. Max ihr Bruder, auch erst 23 Jahre alt, kümmerte sich sehr um seine kleine Schwester und holte sie Ende der 1920er Jahre nach Berlin, wo sie bald meinen Vater kennenlernte. Eine Stütze in dieser Zeit war der Cousin der Hilger-Kinder Paul Ulrich, geboren 1885 und seine Frau Frieda.

Zusammenfassend kann man sagen, dass unsere Familie aus anhaltinischen, pommerschen und schlesischen Wurzeln schöpfte, aber Berlin war auch immer dabei.

FRÜHE KINDHEIT BIS ETWA 1950

Zwei Tage vor der realistischen Chance in Deutschland eine Wende zum Besseren aus eigener Kraft zu schaffen, wurde ich in Köslin in Pommern am 18. Juli 1944 geboren. Ob meine Mutter von den dramatischen Ereignissen des 20. Juli Kenntnis hatte weiß ich nicht, sie hatte sicher mit mir genug zu tun. Unsere Wohnung in Berlin-Karow hatte sie wegen der Bombenangriffe verlassen und war mit meiner großen Schwester Eva zu den Großeltern nach Köslin gegangen, um mich dort fern der Berliner Bomben-Nächte zur Welt zu bringen. Mein Vater war als Soldat in Frankreich, in Saint Nazaire an der Atlantikküste stationiert.

Im Gegensatz zu vielen Biografie-Schreibern habe ich an meine frühe Kindheit vor 1950 nur wenige Erinnerungen und wenn, nur schlaglichtartig ohne Zusammenhänge. Erinnern kann ich mich, dass ich an der verschlossenen Gartenpforte stand und durch den Maschendraht dem Treiben auf der Straße zusah, ohne daran teilhaben zu können, denn nur in Begleitung öffnete sich das Gartentor für mich. Eine andere Erinnerung besteht darin, dass mir der Weg vom S-Bahnhof Karow nach Hause endlos lang vorkam. Die Buslinie 42 wurde erst 1950 wieder reaktiviert und wollte man in die „Stadt", wie man innen liegende Stadtteile bezeichnete, musste man schon mit der S-Bahn fahren. Die S-Bahn war nur kurze Zeit im Jahr 1945 unterbrochen. Der Hinweg zum S-Bahnhof wurde mit frischen Kräften bewältigt, aber der Rückweg, manchmal am späten Abend von Verwandtenbesuchen, war immer eine Anstrengung. Weiter kann ich mich an den nach dem Krieg übriggebliebenen Beiwagen vom Motorradgespann meines Vaters, der an der Seite eine Tür mit einem Riegel aufwies, gut erinnern. Aufriegeln der Tür, einsteigen, zuriegeln und umgekehrt, war eine Tätigkeit die mich unentwegt beschäftigte. Etwa 1949, nach der Währungsreform, hatten die alten Zinkmünzen des Weltkrieges ausgedient. Meine Schwester Eva besaß eine kleine Sparbüchse in Form eines Schwarzwaldhauses. Oben im Giebel war ein kleiner Einschub für die Münzen, schob man ihn ins Häuschen, fiel das Geldstück ins Innere. Unten befand sich eine kleine Tür, die sich problemlos öffnen ließ und man konnte die Münze wieder entnehmen. Münze einstecken, herunterfallen hören und die Münze wieder entnehmen – ein unendliches Spiel das mich faszinierte. Eva hatte ein Märchenbuch „1000 und eine Nacht", dass ich natürlich nicht lesen konnte aber zum Anschauen einige farbige Kunstdruckbilder aus der Welt des Orients enthielt. Meine ständigen Bitten an meine Mutter und Schwester mir diese Märchen vorzulesen, konnte natürlich nur dann und wann nachgegeben werden. So habe ich in dem Märchenbuch geblättert, mir die Bilder angesehen und mich nach der Schule gesehnt, damit ich endlich lesen lernte.

Damit soll es genug sein mit einigen der eingegrabenen Gedankensplitter die das kindliche Gehirn, aus welchen Gründen auch immer, speichert. Fotos, die die heutige Erinnerung aktivierten könnten, gibt es kaum. In unserer Familie besaß niemand einen Fotoapparat.

KAROW-SÜD IN DEN 1950er JAHREN
Die topografische Abgrenzung des Gebietes

Kartenausschnitt von Karow-Süd (im Kreis)

Schon der Name Karow-Süd stimmt nicht und stimmt wiederum doch. Kein Mensch hat jemals von Karow-Süd gesprochen aber um das Gebiet für den heutigen Leser sichtbar zu machen, soll hier dieser Begriff verwendet werden. Will man das Gebiet mit seinen äußeren Straßen beschreiben, dann muss man im Süden die Straße 47, im Norden die Straße 44, im Westen die Straße 36 und schließlich im Osten die Straße 52 nennen. Völlig durchquert wird es in Nord-Süd-Richtung von der Blankenburger Chaussee. Sieht man sich dieses Gebiet auf einer älteren Landkarte an, wird deutlich, dass es in den 1950er Jahren von Feldern und Wiesen umgeben war. Der einzige Verbindungspunkt mit den mittleren Karowern Gebieten stellte der Neue Friedhof dar, der an der Blankenburger Chaussee von der Straße 43 an, sozusagen eine Brückenfunktion nach Karow-Süd ausübte.

Irgendeine Bezeichnung führte dieses Gebiet also nicht, aber fragten Fremde nach einer Adresse, bekam man die Antwort „in der Gegend bei Sonnenschein". Sonnenschein hieß eine Gaststätte an der rechten Ecke der Straße 44 und der Blankenburger Chaussee, die aber mehr den Charakter einer Berliner Eckkneipe aufwies. Die Kneipe, ich nenne sie so, war günstig gelegen, da die Bushaltestelle der Omnibuslinie 42 vor der Tür lag und weil es die einzige Kneipe in der Umgebung war. Betrieben wurde sie von einem schon älteren Ehepaar Schulz und später, wohl ab 1956, von einer Frau, die alle Welt nur „Die Putten" nannte. Die Kneipe, bestehend aus dem Schankraum und einem hinteren Raum diente bis weit in die 1950er Jahre auch als Wahllokal, bei der die Stimmabgabe gleich mit einem Bier abgeschlossen wurde, die einen mehr, die anderen weniger. Im Sommer waren Tische und Stühle im Garten aufgestellt und auch manche Familie nutzte nun die Kneipe als Erfrischungsinsel. Ab 1956 wurde zwischen Blankenburg und Karow-Süd die Sellheimbrücke gebaut und die vielen Bauarbeiter entdeckten die Kneipe für sich, um ihr Feierabendbier zu trinken. Da ging es manchmal hoch her, aber „Die Putten" hatte ihre Gäste im Griff, was den alten Schulzens sicher nicht mehr gelungen wäre. „Die Putten" übernahm nach Schließung des „Sonnenschein" etwa um 1958/59 hinter dem S-Bahnhof Karow in der Pankgrafen-, Ecke Streckfußstraße eine dort gelegene größere Gaststätte mit dem Namen „Zum Pankgrafen".

Die Eingrenzung von Karow-Süd kann man aber auch anders beschreiben, als mit den oben erwähnten Straßen. Beginnend im Osten mit der Straße 52, die je nach Betrachtung am Ende oder Anfang von Alt-Karow gegenüber der Bahnhofstraße beginnt und schräg in Richtung Malchow ihren Lauf nimmt. Die Straße hieß in früheren Zeiten Malchower Weg und war in dem hier beschriebenen Zeitraum unbefestigt. Genutzt wurde sie von Pferdefuhrwerken, auch Trecker Gespannen und Fahrrad- und Motorradfahrern. Einen PKW jenseits des Laaketals in Richtung Malchow habe ich niemals gesehen. Dazu war der sandige Weg dann doch nicht geeignet. Übrigens hat diesen Weg im Oktober 1806 Königin Luise auf ihrer Flucht vor den napoleonischen Truppen nach Ostpreußen genutzt. Die Flucht ging von Berlin über Weißensee und Malchow, Karow, Buch, Zepernick nach Bernau, wo der erste Pferdewechsel ihrer Kutsche erforderlich war. Diese Geschichte erzählte mir als Junge einige Male Theodor Runge aus der Straße 44, Freundschaft meiner Eltern. Die Königin Luise trat damit in mein noch junges Leben und bewirkte neben vielen anderen Dingen ein Interesse an Geschichte.

Die Grenze von Karow-Süd in Richtung Blankenburg wird einerseits von der Laake und von den Anlagen des Eisenbahnaußenrings markiert. Die Laake, von Lindenberg kommend, ist heute eigentlich nur noch richtig sichtbar am Rand des Laaketales von der Straße 52, Ecke Straße 45. Auf der Karower Seite des Talabhanges, die leider bebaut werden soll, lagen in den 1950er Jahren Felder der Karower Bauern. Die andere Talseite, die Blankenburger Seite, war damals von Rieselfeldern bedeckt. Die Wege zwischen den einzelnen Rieseltafeln waren mit Apfelbäumen bepflanzt und verstellten ein wenig die Talsicht. Nach der kleinen Brücke über die Laake, die man auf dem Weg nach Malchow überqueren muss, fließt der kleine Bach durch Wiesen, unterquert die Eisenbahntrasse und die Blankenburger Chaussee, nimmt seinen Lauf durch das Blankenburger Siedlungsgebiet, um an der Autobahn in Buchholz in die Panke zu fließen. Die Eisenbahnstrecke von Lichtenberg kommend, war in jener Zeit nur eine eingleisige Strecke, teilweise auf einen aufgeschütteten Damm gelegt. Die Züge fuhren sehr langsam, verglichen mit heutigen Verhältnissen. Die Blankenburger Chaussee wurde auf gleicher Ebene von der Eisenbahn gekreuzt, d.h. bei Zugdurchfahrten wurde eine Schranke geschlossen und die Autos, Pferdewagen, Fußgänger usw. mussten warten bis die Dampflok mit ihren Waggons vorüber war. Meist benutzten Güterzüge die Strecke, weniger Personenzüge. Der Fahrzeugstau an der geschlossenen Schranke war damals schon beträchtlich und der Grund für die Errichtung der Sellheimbrücke.

Auf der Westseite von Karow-Süd, jenseits der Chaussee, wie wir immer sagten, lagen hinter den Grundstücken nur Wiesen und Felder. An der Seite zur Bahntrasse hin befand sich ein großes Gebäude, das aber seinem ursprünglichen Zweck nicht mehr diente. Es war eine ehemalige Pferdeerhohlungsstation der Post mit Stallungen und Pferdekoppeln. Auf einer alten Landkarte aus den 1930er Jahren findet man den Begriff Postkoppel. Vor dem Krieg wurden noch zahlreiche Pferde von der Post als Zugmittel verwendet. Der tägliche Einsatz und das harte Berliner Pflaster brachte es mit sich, dass die Pferde von Zeit zu Zeit Erholung brauchten. Karow muss also in Pferdekreisen einen guten Ruf genossen haben. Leider ist es mir nie gelungen die Örtlichkeit näher in Augenschein zu nehmen.

Die Nordseite von Karow-Süd wurde vom Neuen Friedhof markiert. Das Gelände des Friedhofes gehörte bis in die Kriegszeit zur Karower Feldflur. Die Ostseite des Neuen Friedhofes wurde von der Straße 48 begrenzt. In diesem Teil sah die Straße 48 wie ein kleiner schmaler Feldweg aus und geriet in manchen Jahren zu Teilen unter den Pflug. Erst jenseits der Straße 43 konnte man wieder von einer Straße hinsichtlich ihrer Breite sprechen. Aber vom Feldweg am Friedhof konnte man weit nach Osten über die Felder bis zur Lindenberger Mühle sehen.

Die den Friedhof im Norden begrenzende Straße 43 war in den 1950er Jahren wesentlich schmaler und wurde erst in den 1960/70er Jahren auf Kosten des Friedhofgeländes verbreitert. Als Friedhof wurde ein Teil des Geländes erst nach Kriegsende genutzt und zwar als Zwischenruhestätte für die bei den Kämpfen bei der Befreiung Berlins gefallenen Sowjetsoldaten. Die Soldaten wurden nach Fertigstellung des sowjetischen Ehrenmals in Schönholz dorthin umgebettet. Aber auch für die ansässige Bevölkerung wurde der Friedhof genutzt. Mein Onkel, Otto Priese, der in Blankenburg wohnhaft war, den Krieg glücklich überlebt hatte, kam 1947 beim Einsturz einer Ruinenwand im Stadtzentrum Berlins tragisch ums Leben. Er wurde schon auf dem Neuen Friedhof beigesetzt. Sein Grab musste wegen der Verbreiterung der Straße 43 um einige Meter versetzt werden. So verbinden sich manchmal persönliche und allgemeine Dinge.

Die Westseite des Neuen Friedhofes rahmte die Blankenburger Chaussee ein. Jenseits der Chaussee lagen im abfallenden Gelände Felder und Wiesen, die bis zum Karower Kreuz der Deutschen Reichsbahn reichten. Bei diesem Blick nach Westen konnte man die S-Bahnen auf der Strecke nach Bernau sehen.

Charakterisierung und Beschreibung des Gebietes

Sieht man von der Blankenburger Chaussee und der Straße 52 (Malchower Weg) einmal ab, bestand Karow-Süd lediglich aus 12 Straßen. Keine der Straßen führte einen Namen, alle waren nur nummeriert. Wie in Manhattan, in New York war immer meine Antwort, wenn sich jemand darüber verwunderte. Die kürzeste war die Straße 38. Im Stadtgebiet von Berlin wird bei solchen Wohngebieten gern vom Kietz gesprochen, eine Bezeichnung die hier Befremden ausgelöst hätte. Alle Straßen waren unbefestigt und mit Gras bewachsen. Nur in den Straßen 44 und 45 war der Grasbewuchs weniger ausgeprägt, da dort ein wenig Verkehr war. Mein Vater erzählte, dass in der Vorkriegszeit schon Pflastersteine angefahren worden waren, um die Straßen zu pflastern. Auch hatten die Anwohner bereits Pflastergebühren bezahlt. Der Krieg entschied anders, die Pflastersteine wurden wieder abgefahren, vielleicht brauchte man sie für die letzten Befestigungen gegen die anrückende Rote Armee.

In meiner Straße, also dort wo ich wohnte, in der Straße 49, achtete man Anfang der 1950er Jahre auf „seinen" Anteil Wiese im Straßenland. Sein Anteil bestand im Straßenstück vor dem eigenen Grundstück bis zur Straßenmitte. Fast jeder hatte ja Kleinvieh zu versorgen und das Gras vom Straßenland wurde mit der Sense gemäht und zu Heu verarbeitet. Abends geriet das werdende Heu in das Interesse der Kinder. Es wurde zu Haufen zusammengeharkt und bot für die Kinder ein beliebtes Sprungziel, in das man hinein hechtete. Mancher der eine Ziege oder ein Schaf hatte, pflockte das Tier auf seinem Stück Straße an, und überließ die Rasenmahd dem Tier.

Für die Kinder war die Grasstraße natürlich Tummelplatz und Spielwiese und mancherlei Spiele, wie Fuß-, Völker- oder Treibeballspiele wurden dort veranstaltet. In der zweiten Hälfte der 1950er Jahre kam Federball groß in Mode und auf dem von den Kindern abgesteckten Spielfeld wurden manche Turniere gespielt, sogar die Erwachsenen beteiligten sich daran.

Die Straßen waren unbeleuchtet und erst Anfang der 1950er Jahre bekam jeder zweite der hölzernen Stromleitungsmasten eine Leuchte angeschraubt. Die Stromzufuhr erfolgte über Freileitungen, die an den Holzmasten befestigt waren und von dort in die Häuser geleitet wurden. Die Holzmasten, insbesondere die an den Kreuzungen, hatten noch eine weitere wichtige, höchst kommunikative Funktion. Sie dienten als Informationspunkt für allerlei Nachrichten der Bewohner. Ob Hochzeiten, Konfirmationen, später Jugendweihen oder Beerdigungen bekanntgemacht wurden oder die entsprechenden Danksagungen, der Verlust von Katze oder Hund oder Verkaufsangebote – alles wurde an die Masten gepinnt.

Die meisten der Grundstücke waren an die Strom- und Wasserversorgung angeschlossen. Einige, besonders die Lauben, besaßen meist keins von beiden. Städtische Abwasserkanäle dagegen gab es, was sich bis heute nur teilweise geändert hat, überhaupt nicht. Die anfallende Jauche wurde im Garten verrieselt, was bei ungünstigen Wetterlagen zum Himmel stank. Auch eine Müllabfuhr war in dieser Zeit für unser Gebiet unbekannt. Nun muss man wissen, dass damals wenig Müll anfiel. Plaste war kaum im Einsatz, vielleicht mal Bakelit, eine dunkle unansehnliche, harte Kunststoffmasse. Fast alle Gläser und Metalle konnte man zu Kerkow, gleich hinter der alten Schule in Alt-Karow bringen, der die einzige Ankaufsstelle für Altstoffe betrieb. Papiertüten, Zeitungen und Pappen nahm er ebenfalls ab, wenn man das Papier nicht selbst zu Heizzwecken verwendete. Holzverpackungen dienten selbstredend ebenfalls als Heizmaterial. Auch Alttextilien, Lumpen genannt, wurden angekauft. Außerdem fand eigentlich jede geeignete Schachtel, jedes Glas und jede Schachtel eine Zweitverwendung. In den Haushalten wurde in eigener Regie Saft und Obstwein hergestellt und in Altflaschen abgefüllt. Gläser benutzte man beispielsweise zum Einlegen von Gurken oder zum Einwecken. Jedes Ding hatte noch einen Wert.

Abfälle, die nicht genutzt werden konnten, wie Asche, vergrub man tief im Garten, die Grundstücke waren groß genug.

Die unbefestigten Straßen und Gehwege waren im Sommer durch das grüne Grass natürlich sehr schön, das änderte sich aber gründlich in den Übergangsmonaten zum Frühling oder Winter. Die Schneeschmelze und lang andauerndes Regenwetter weichten die Straßen und Gehwege auf, dass man mitunter über große Pfützen springen oder durch Schlamm waten musste. Die Schuhe und dies besonders bei den Kindern, sahen entsprechen aus. In den Wintern, die damals noch recht schneereich waren, räumten die Anwohner ihre Gehsteige und streuten Sand. Einige benutzten zum Streuen aber auch die Asche aus ihren Öfen, was bei Tauwetter einen üblen Matsch ergab. Wehe man stürzte an solcher Stelle. Vor den Laubengrundstücken, die nur im Sommer genutzt wurden, blieben die Gehwege völlig ungeräumt und der festgetretene Schnee bildete schon nach kurzer Zeit vereiste Bahnen mit Gefahren besonders für alte Leute.

Im gesamten Bereich Karow-Süd lagen bis auf Ausnahmen nur Grundstücke mit einer Bebauung von Ein- und Zweifamilienhäusern, größere Häuser waren die Ausnahme. Eine ganze Reihe von Grundstücken war unbebaut oder es gab nur eine Laube. Diese lockere, weitläufige Bebauung, verglichen mit der heutigen Baudichte, ließ der Natur einen breiten Raum. Die Besiedlung des Gebietes erfolgte ab den 1920er Jahren, verstärkt ab den 1930er Jahren auf ehemaligem Bauernland. Ganz einfache Leute, maximal aus dem Mittelstand kommend, nutzten die Gelegenheit sich nach dem 1. Weltkrieg eine eigene sichere Wohnexistenz und mit dem Garten eine Eigenversorgung zu schaffen. Wie hoch die Zahl der Dauerbewohner war, ist unbekannt. Sicher nicht allzu hoch. Dennoch wohnten in den 1950er Jahren relativ viele Menschen in Karow-Süd. In den Notjahren der Bombennächte des 2. Weltkrieges und dem Hunger der Nachkriegszeit zogen manche Berliner aus der Innenstadt in ihre Laube und machten diese winterfest. In den Häusern rückten die Menschen enger zusammen, um Ausgebombten ein Obdach zu geben. In der unmittelbaren Nachkriegszeit gab es außerdem manche Zwangseinweisung durch die Besatzungsmacht und die neuen Behörden. Die Gärten dienten dem Anbau von Nahrungsmittelpflanzen und der Haltung von Kleinvieh, also Hühner, Gänse, Enten, Kaninchen und Ziegen, um die wichtigsten zu nennen.

Verkehrsmäßig wurde das Gebiet durch die Omnibuslinie 42 erschlossen, die von der Weissenseer Spitze bis zur Kiesgrube in Buch reichte, dort wo sich heute die Tankstelle befindet. Sie benutzte die alte Landstraße, die die Dörfer Heinersdorf, Blankenburg, Karow und Buch miteinander verband. Die Buslinie war am Ende des Krieges eingestellt und erst 1950 wieder in Betrieb genommen worden. Alle

Leute in Karow-Süd freuten sich über die Wiederinbetriebnahme, stellte doch der mindestens halbstündige Weg bis zum S-Bahnhof Karow eine große Entfernung für alte oder kleine Beine dar. Da ich damals zur Kategorie der kleinen Beine gehörte, war meine Freude besonders groß. Als die ersten Busse fuhren lief ich mit meinen Freunden zur Chaussee an der Straße 44 und bewunderte die großen Doppelstockbusse, die allgemein Doppeldecker genannt wurden. Die Busse stammten zunächst noch aus der Vorkriegszeit, ehe man später neue Doppelstockbusse, gefertigt in Bautzen, einsetzte. Die alten Doppeldecker unterschieden sich noch in Sommer- und Winterbusse. Alle Busse besaßen hinten keine Tür, sie waren offen. Die Treppe zum Obergeschoss befand sich bei allen Typen auf der hinteren Plattform. Bei den Sommerbussen war diese Treppe zudem noch offen. Die Busse waren mit einem Fahrer und einem Schaffner bestückt. Die Schaffner mit ihrer Geldwechselbox vor der Brust und dem Fahrscheinblock in der Hand waren ständig in Bewegung um oben und unten im Bus zu kassieren. Treppe rauf, Treppe runter und das den ganzen Tag. Die Haltestellen wurden von ihnen ausgerufen, unsere Haltestelle an der Straße 44 hieß „Sonnenschein" nach der dort gelegenen Kneipe. Wie viele Haltestellen es auf der Linie gab, kann ich nicht sagen, aber es gab mehr als heute. In Karow ab Dorfeingang aus der Richtung Buch gesehen waren das: Karow-Dorf, Karow-Kirche, Karow-Bahnhofstraße, Tarnowitzer Straße, Sonnenschein (Straße 44) und Straße 45. Die nächste Haltestelle, Straße 26, gehörte schon zu Blankenburg. Wartehäuschen wie heute suchte man damals, bis auf Ausnahmen, vergeblich. Die Busse fuhren natürlich langsamer als heute, aber die Fahrzeit dürfte wegen der heutigen Staus auch nicht länger gewesen sein. Im Berufsverkehr und im Sommer am Sonntagabend waren die Busse sehr voll und mancher hielt wegen Überfüllung nicht an der Haltestelle, es sei denn, jemand wollte aussteigen. Dann stürmten sofort für einen Aussteiger drei oder vier neue Passagiere in den Bus und hingen in der Plattform halb draußen. Um dem Übelstand zu mindern setzte die BVG sogenannte Schnellbusse ein um mehr Fahrgäste zu befördern. Diese Schnellbusse, erkennbar an roten Linienschildern, hielten aber nur an wenigen Haltestellen. In Karow wurde nur an der Haltestelle Bahnhofstraße gehalten. Bei den Bussen galt das Untergeschoss als Nichtraucherzone, oben durften die Raucher qualmen und im Winter war dort manchmal dicke Luft. Das hielt mich aber nicht ab bei einer Busfahrt stets das Oberdeck zu erklimmen, möglichst in der ersten Reihe, von der man eine wunderbare Aussicht hatte.

Wichtige Akteure des Gebietes

Die wichtigste Straße in Karow-Süd war die Straße 44, die von der Blankenburger Chaussee bis zur Straße 52 verlief. Gut erreichbar war sie durch die Haltestelle der Buslinie 42, die dort ihren Standort in Richtung Buch und Blankenburg hatte. Gleich am Anfang an der Blankenburger Chaussee lag die erwähnte Kneipe „Sonnenschein". In Höhe der Kneipe und auf ihrer Seite befand sich eine Litfaßsäule und daneben eine knapp überdachte, größere, rotbraun gestrichene Holztafel für Anschläge und Bekanntmachungen amtlichen Charakters. Kurz vor der Litfaßsäule, noch in der Blankenburger Chaussee, befand sich der Laden von Milch-Müller, wo man Molkereierzeugnisse kaufen konnte. Im Wesentlichen handelte es sich um Milch und Butter, Käse war Mangelware. Für diese Warengruppe benötigte man bis 1958 Lebensmittelmarken. Nur Molke war frei zu bekommen, aber die wollte kaum jemand. Meine Aufgabe war schon früh, bewaffnet mit einer Milchkanne und ausgestattet mit Lebensmittelmarken und Geld, Vollmilch oder Magermilch zu erstehen. Die Inhaber des Ladens und Hauseigentümer Frau und Herr Müller, waren immer sehr nett, wobei Herr Müller nur selten im Laden anzutreffen war.

Noch zwei Grundstücke davor, ebenfalls in der Blankenburger Chaussee konnte man Farben kaufen. Farben-Voigt verkaufte seine Ware im Keller. Überall standen Fässer, kleine Tonnen, Eimer und Büchsen mit Farben. Wollte man Farben kaufen, musste ein Behältnis mitgebracht werden, in das die Farbe eingefüllt wurde. Der gewünschte Farbton wurde vor Ort und per Hand nach Maßgabe des Käufers gemischt.

Zurück zur Straße 44, zur Kneipe „Sonnenschein". Die Inhaber des „Sonnenschein" waren mir auch gut bekannt, gelegentlich holte ich dort am Sonntag für meinen Vater einige Flaschen Bier, wobei für mich natürlich eine Flasche Brause oder Malzbier abfiel. Die damaligen Flaschen sahen anders aus als heute, es sei denn man greift heute auf Nostalgieflaschen zurück. Die Flaschenform war einheitlich, nur das Doppelkaramelbier wurde in anderen Flaschen abgefüllt. Allen Flaschen war der Schnappverschluss gemeinsam, bestehend aus Metallbügel, Porzellankopf und Gummiring. Man konnte diesen Schnappverschluss mit dem Daumen leicht öffnen, ein Flaschenöffner wurde nicht benötigt. Besonderen Spaß machte das Öffnen von Brauseflaschen. Wenn man sie kräftig schüttelte und dann schlagartig öffnete, gab es einen lauten Plopp und die Brause, mit viel Kohlensäure abgefüllt, schoss aus der Flasche. Daran hatte ich immer Freude. Erst 1957/58 wurden andere Flaschen und Kronkorken eingeführt, aber da trank ich längst diese einfache Brause nicht mehr.
Festzuhalten bleibt, dass ich in unserer Familie schon früh eine wichtige Funktion ausübte. Ich war der Einkäufer und schleppte zuerst in den Händen, später per Fahrrad viele unserer Lebensmittel heran. Nur vom Fleischeinkauf war ich suspendiert, das machte meine Mutter stets selbst. Dieses Einkaufen machte mir

großen Spaß, es gab immer viel zu sehen und zu hören und gelegentlich erhielt man ein Bonbon als Geschenk. Geld und Lebensmittelmarken waren bei mir in guten Händen, ich habe niemals Verluste verursacht.

Der nächste Einkaufsladen war in der Straße 44, Ecke Straße 48 der Lebensmittelladen betrieben vom Ehepaar Starck, die den Laden von Kirchners, den Hauseigentümern, gemietet hatten. Vor dem Krieg hatten die Kirchners selbst den Laden geführt. Hier kaufte ich das Gros unserer Lebensmittel ausgestattet mit einer großen Tasche ein. Meine Mutter hatte den Einkauf für mich natürlich vorbereitet und ein großer Zettel und die benötigten Lebensmittelmarken begleiteten mich stets. Meine Mutter muss irgendwann einmal Probleme mit den Starcks gehabt haben, denn sie hat diesen Laden zu meiner Zeit niemals betreten, hatte aber nichts dagegen, wenn ich diesen für mich nächsten Laden nutzte. Viele der Lebensmittel, wie Mehl und Zucker wurden noch aus Kästen mit einer kleinen Schaufel in Tüten gefüllt und genau abgewogen. Andere waren bereits werkseitig verpackt und waren hinter den Glasscheiben des Verkaufstresens zu sehen. An Schönsten fand ich die Bonbongläser, in denen lose die vielfarbigen Bonbons zu den Kinderaugen blinkten. Sie wurden ebenfalls mit einer kleinen Schaufel aus Gläsern entnommen und in kleine Papierdreiecktüten abgefüllt und abgewogen. Die Bonbons gab es ohne Marken, hatten je nach Sorte bestimmte Angebotszeiten. So waren im Mai die grünen, wie Birkenblätter aussehenden und süßsäuerlich schmeckenden Bonbons üblich. Diese Geschmacksrichtung war die meine und wenn im Juli/August die roten Himbeerbonbons in gleicher Richtung in den Bonbongläsern erschienen, war ich glücklich. Aber auch die gelben Hustenbonbons, die im Oktober erschienen und sehr süß schmeckten, hatten ihre Reize. Außerdem hatte man gute Argumente für ihren Kauf, denn das Kind sollte doch wohl keine Erkältung bekommen der am besten mit Hustenbonbons vorzubeugen war. Im Laden selbst bediente Frau Starck und eine ältere Verkäuferin, die man sich in ihrer vornehmen Art besser in ein Feinkostgeschäft im Berliner Westen vorstellen mochte. Herr Stark war Asthmatiker, der schwer Luft bekam und öfters im Kundenbereich mit einer Flasche Bier in der Hand dem Treiben zusah. Er war wohl zuständig für die Erledigungen in der Bahnhofstraße Karow, in der Post und auf der Sparkasse. Dazu benutzte er ein Fahrrad, fuhr aber so langsam, dass man jeden Augenblick meinte, er müsse umkippen. Dabei ist er an der Überquerung der Blankenburger Chaussee, Ecke Tarnowitzer Straße von einem Auto erfasst worden und tödlich verunglückt. Interessant war auch, dass der Laden von Starcks als kleine Tauschzentrale für die bunten Westberliner Illustrierten genutzt wurde. Ich habe das mehrfach gesehen und einmal fiel ein nur loser verpackter Stapel auf den Boden und gab seinen Inhalt preis.

Noch vor dem Lebensmittelgeschäft von Starcks war eine ganz wichtige Einrichtung für die Bewohner beheimatet. Es war der Holz- und Kohlenhandel der Familie Fisch. Auf der rechten Seite der Straße 44 bis zur Ecke Straße 48 befand sich der ursprüngliche Standort und er war auch Wohnort der alten Fischs, wie wir sie nannten. Schräg gegenüber auf der anderen Straßenseite war ein weiterer Standort gebaut worden, der größer und moderner war und einen zweiten Ausgang zur Blankenburger Chaussee aufwies. Hier residierte ihr Sohn Erwin mit seiner jungen Frau. Die Hochzeit der beiden, Anfang der 1950er Jahre, war die erste Hochzeit überhaupt, die ich sah. Erwin mit Zylinder und seine junge schöne Frau im weißen Brautkleid kamen mit einer Hochzeitskutsche von der Karower Kirche gefahren. Viele Hochzeitsgäste alle fein gewandet, kamen zum Fest. Wir Kinder, die wir auf der Straße diesen Höhepunkt neugierig miterlebten, kannten ja die Fischs nur in ihrer Arbeitskleidung und fast immer mit den vom Kohlestaub gefärbten Gesichtern. Die alte Frau Fisch winkte dann uns Kindern und jeder erhielt ein großes Stück Kuchen. Eigenartig – solche Dinge vergisst man nicht.

Der alte Standort der Fischs hatte noch eine äußerst wichtige Funktion neben dem Verkauf von Holz und Kohlen und später auch von Zement. Hier konnte man in ihrem Wohnhaus im kleinen Vorraum zur Küche telefonieren. Natürlich musste man fragen, ob eine Benutzung erlaubt sei und 20 Pfennige bezahlen, aber das war kein Problem. Voraussetzung war allerdings, dass nur wirklich wichtige Telefonate geführt wurden. Die später an der Blankenburger Chaussee Ecke Straße 45 installierte öffentliche Telefonzelle bot den Telefonierern mehr Freiheit und obwohl in der Telefonzelle Schilder mit der Aufschrift „Fasse Dich kurz" angebracht waren, nutzten rücksichtslose Menschen das für ihre Langtelefonate aus.

Interessant war auch, dass sich im Garten der alten Fischs, gut zu sehen von der Straße 44, der Luftschutzbunker erhalten hatte, aber nun der Lagerung von Kartoffeln oder Gemüse diente. Eigentlich sollten im Krieg auf allen Grundstücken die Häuser ohne Keller hatten, solche Bunker errichtet werden. Aber Anspruch und Wirklichkeit klafften auch in der Nazizeit auseinander, längst nicht alle Grundstücke besaßen einen. Die Bunker waren recht klein, in die Erde eingetieft, mit Beton, Ziegelwerk und Holzbohlen bewehrt. Überirdisch waren sie mit Erde abgedeckt, auf der Gras und Unkraut wuchs. Sie sahen aus wie Buckel in den Gärten. Einer stärkeren Bombe hätten sie wohl nicht standgehalten, aber den üblichen Brandbomben, die über Karow abgeworfen wurden, hielten sie stand. Nicht aber den abgeworfenen Luftminen, die eine ungleich größere Wirkung hatten. In der Straße 45 war ein Haus von solch einer Luftmine getroffen worden, die Ruine des Hauses stand noch viele Jahre wie ein Mahnmal.

Auf dem Standort der alten Fischs befand sich gegenüber dem Wohnhaus ein Pferdestall, weitere Stallungen für Hühner und natürlich die großen überdachten Lagerplätze für Holz und Kohlen. Nicht zu vergessen ist der Hofhund namens Harras, der an einer langen Kette an seiner Hundehütte das ganze bewachte und dem man nicht zu nahekommen durfte, denn er biss schnell zu. Die Pferde wurden anfangs für die Auslieferung der Brennstoffe gebraucht. Erst etwas später kam als Zugmittel für die Wagen ein kleiner Traktor zu Einsatz. Dieser Traktor war wohl ein improvisierter Eigenbau und Vorgänger der später verwendeten LKW.

Von der Straße 44 links abgehend gelangte man zu zwei wichtigen Handwerkern. In der Nummer 32 betrieb der Großvater meines Freundes Jürgen, Wilhelm Thurack, meist nur Willi genannt, eine Schlosserei bis Ende der 1940er Jahre. Danach war er bis zu seinem Tod 1954 weiterhin freischaffend als Schlosser tätig. Mit seinem schwarzen Fahrrad, hinten auf dem Gepäckträger ein Holzkasten mit Werkzeugen, fuhr er zu den Leuten und reparierte kleine anfallende Dinge.

In der Nummer 29, schräg gegenüber, war die Tischlerei Görtz zu Hause. Herr Görtz war aber damals schon ein alter Mann, der nur noch gelegentlich Aufträge annahm. Für unsere Familie reparierte er die Schlafzimmermöbel, die in der Kriegszeit Schaden erlitten hatten.

In der Nummer 19 der Straße 48, jenseits der Straße 44 befand sich die Tischlerei Thiele. Herr Thiele war Möbeltischler und arbeitete viel für Firmen, die Tontechnik herstellten und belieferte sie mit Holzgehäusen dafür. Hinten im Garten befand sich seine Werkstatt. Er besaß fast als einziger in unserer Gegend ein Auto, womit er seine Kunden belieferte.

Ein Stückchen weiter in der Straße 44, Ecke Straße 49 befand sich bis etwa 1951/52 der Kolonialwarenladen von Kothe. Die Kothes waren ein altes Ehepaar, die den Laden noch recht und schlecht betrieben. Diesen Laden mochte ich, er hatte etwas Urwüchsiges an sich. Verschiedene Schüttwaren, an Graupen und Salz kann ich mich erinnern, standen in oben offenen aufgekrempelten Säcken auf den ungestrichenen Dielen des Fußbodens. Die kleine Schaufel steckte oben in der Ware und diese wurde von dort direkt in Tüten gefüllt und abgewogen. Bonbongläser gehörten natürlich auch zur Ausstattung. In den Regalen standen kleinere Lagerbehältnisse aus Steinzeug oder bunt bedrucktem Blech für feinere Waren. Sehr viel später, als ich die ersten Wildwest-Filme gesehen hatte, in denen immer ein Store zu sehen ist, erinnerten mich diese Stores an den Laden der Kothes.

Kolonialwarenhandlung Kothe (Mitte) mit Blick in die Straße 49 (oben) und die Straße 44 Richtung Malchower Weg (unten), um 1930

Auf der gleichen Seite der Straße 49 verbleibend, sieben Grundstücke weiter, befand sich die Schneiderei Grzyl, gesprochen Schil. Ende der 1940er Jahre beschäftigte der Schneidermeister Willi Grzyl zeitweise noch zwei bis drei Näherinnen, denn er arbeitete wohl für den Handel. Später betrieb er sein Handwerk allein und schneiderte, wofür er bekannt war, hervorragende Herrenanzüge, übernahm aber auch Änderungen an Kleidungsstücken.

Ganz am Ende der Straße 49, Ecke Straße 47 befand sich die Brotfabrik und Bäckerei Rinne. Wann der Backbetrieb dort eingestellt wurde ist mir nicht bekannt, wahrscheinlich um 1950. Später wurde der Bäckerladen als staatlicher Lebensmittelladen genutzt. Hildegard Thurack, die Mutter von Jürgen Thurack war dort einige Zeit beschäftigt.

Zurück zur Straße 44. An der Ecke der Straße 50 befand sich ein großes, hohes Mehrfamilienhaus in der die Familie Thom wohnte. Bemerkenswert war die

Installation einer Sirene auf dem hohen Haus, die im Krieg vor den Bombengeschwadern warnte und zu meiner Zeit nach dem Krieg die Freiwillige Feuerwehr alarmierte. Ein dreimaliger langgezogener Sirenenton bedeutete Feueralarm. Und schon kurze Zeit nach Verstummen der Sirene konnte man das Tatü-ta-ta der Karower Feuerwehr hören.

Weiter zur Straße 51. In der Mitte dieser Straße , auf der rechten Seite, war das Domizil der Fleischerei Lange. Sie existierte bis etwa Mitte der 1950er Jahre. Fleisch- und Wurstwaren erhielt man nur gegen die Abgabe von Lebensmittelmarken. Gelegentlich verkaufte Herr Lange auch warme Wurstsuppe, wozu man eine Blechkanne mitbringen musste. Die schmeckte sehr gut und war ohne Marken erhältlich.

Das dürften die wesentlichsten Akteure für Handel und Handwerk in Karow-Süd in den 1950er Jahren gewesen sein, zumindest wie ich sie erlebt habe. Dabei ist nicht auszuschließen, dass noch weitere Kleinhändler aus ihren Häusern einen kleinen Handel betrieben oder dass es weitere Kleinhandwerker gab. In der Blankenburger Chaussee, Ecke Straße 46 war nach Erzählungen die Drogerie Recollin ansässig. Ich glaube aber nicht, dass sie in dem bewussten Zeitraum noch betrieben wurde, ich kann mich an keinen Besuch dort erinnern.
Für die Nahversorgung der Anwohner mit den lebensnotwendigsten Dingen reichte diese Struktur eigentlich aus. Alles andere bekam man in der Karower Bahnhofstraße, die sozusagen das Geschäftszentrum von Karow darstellte.

Mitten durch das Gebiet in Nord-Süd-Richtung durchzog ein unbebauter Streifen Ackerland das Gebiet. Mein Vater sagte immer, dass dieser Streifen durch die Stadt freigehalten werde, für den Bau einer U-Bahn nach Buch. Natürlich für keine Tunnelbahn, sondern für eine Einschachtbahn ohne Tunneldecke. Ich habe darüber nie etwas gelesen und kann nicht sagen, ob das zutreffend ist. Nach der Wende wurden diese Ackerstreifen bebaut und auch kleine Straßen angelegt. Die Ackerstreifen waren bis in die Zeit um 1960 an Karower Bauern verpachtet und die bauten im Wechsel immer Roggen und Kartoffeln darauf an. Für die Kinder war die Zeit der Ernte immer ein Erlebnis. Bei der Roggenernte wurden nach der Mahd mit einem von Pferden gezogenen Mähbinder die Roggengarben noch einige Zeit zum Trocknen in Form von Kornpuppen aufgestellt. Darin konnte man sich herrlich verstecken und das Versteckspiel hatte in dieser Zeit Hochkonjunktur für uns Kinder. Noch schöner war die Kartoffelernte. Wenn der Bauer das Feld zum Stoppeln freigab, d.h. die Anwohner konnten mit einer Stoppelhacke bewaffnet, die vom Kartoffelroder nicht ausgeworfenen, noch in der Erde befindlichen Kartoffeln heraushacken. Diese Möglichkeit wurde viel genutzt, u.a. von uns Kindern. Das Kartoffelkraut schoben wir zu kleinen Haufen zusammen und zündeten es an. Zunächst war das Feuermachen eine vielgeliebte Tätigkeit und die anfallende heiße Asche diente für das Garen der eben ausgebuddelten Kartoffeln. Die Kartoffeln aus der heißen Kartoffelkrautasche schmeckten fantastisch und wir waren stolz auf unsere Künste. Aus dem Kartoffelkraut, was in großen Mengen anfiel, bauten wir Burgen und Festungen bis der Bauer das Feld schließlich räumte. Danach war für 2 bis 3 Wochen Drachenzeit und wir hetzten mit unseren selbstgebauten Flugobjekten über den Acker, um sie in die Luft zu bringen. Anschließend wurde das Feld gepflügt, die Wintersaat eingebracht und danach war das Feld tabu für Spiele.

Beschreibung „meines" Straßenabschnitts der Straße 49

Gemeint ist der Abschnitt der Straße 49 zwischen den Straßen 44 und 45, wo ich die ersten Schritte in die Welt unternahm. Nachfolgend will ich die Bewohner und die Begebenheiten aus den 1950er Jahren schildern, so wie ich sie damals gesehen habe. Ob man immer alles richtig gesehen hat, ist eine ganz andere Frage. Meine Beobachtungen resultierten meist nur aus der Sicht vor dem Gartenzaun. Einige der Grundstücke und die darauf befindlichen Häuser habe ich betreten, manche nie.

In diesem Staßenabschnitt lagen auf jeder Seite 10 Grundstücke. Von diesen 20 Grundstücken waren 16 dauerbewohnt, die übrigen wiesen Lauben auf und waren nur im Sommer in Betrieb. Zuerst will ich die rechte Straßenseite mit ihren Akteuren beschreiben, danach die linke.

Wir betreten die Straße 49 von der Straße 44 aus. Das erste Grundstück auf der rechten Seite, war das von Herrn und Frau Zilikowski (ob der Name richtig geschrieben ist, weiß ich nicht). Der Eingang zum Grundstück befand sich in der Straße 44. Herr Zilikowski war bei der Deutschen Reichsbahn beschäftigt und trug ständig seine Eisenbahneruniform, meist sogar mit Mütze. Frau Zilikowski war eine starke zupackende Frau, die den "Laden schmiss", wie mein Vater zu sagen pflegte. Das Haus der Zilikowskis war recht klein und unscheinbar, es sah fast wie eine erweiterte Laube aus, wurde aber dauerhaft als Wohnung genutzt. Sie hatten fast ihr ganzes Grundstück ihren zahlreichen Hühnern überantwortet mit dem Vorteil, dass die Hühner den Garten von jeglichem Grün befreiten.

Das nächste Grundstück war das der Familie Schwarz, ein Laubengrundstück. Die Familie bestand aus Frau Schwarz, ihrer Tochter und deren Sohn. Der Mann von Frau Schwarz war nicht aus dem Krieg zurückgekehrt und galt als vermisst. Die Frau litt sehr darunter und hat immer, bis weit in die 1950er Jahre, auf die Rückkehr ihres Mannes gehofft. Ich kann mich noch gut an ihre neu aufkeimende

Hoffnung erinnern als Heinrich Ludwig, wohnhaft drei Grundstücke weiter, etwa 1952/53 aus sowjetischer Kriegsgefangenschaft heimkehrte. Ihren Enkel, etwas jünger als ich, behütete sie wie einen Augapfel, er durfte kaum mit uns auf der Straße spielen.

Der größte Akteur der Straße 49 befand sich auf dem nächsten Grundstück. Hier residierte der Bauer Kolasius mit seiner Landwirtschaft. Vorn stand ein älteres kleines Haus, Wohnstätte von Herrn und Frau Kolasius. Dahinter schlossen sich Pferde-, Kuh- und Schweinestall an. Dominiert hat das Grundstück der wohl im Krieg errichtete Neubau, der alle anderen Häuser der Straße 49 weit überragte. Darin wohnte die Familie Radtke mit ihren Töchtern Doris und Roswitha. Herr Radtke und seine Frau waren nahe Verwandte der Kolasius, die selbst keine Kinder hatten. Radtkes arbeiteten mit auf dem Hof. Im Neubau war eine große Scheune integriert und weitere Wirtschaftsräume. Im und kurz nach dem Krieg unterhielten die Kolasius dort einen Fisch- und eine Futtermittelhandlung. Im linken Teil des Neubaus wohnte noch eine Frau Weber mit ihrer Tochter Renate. Im hinteren Teil des Grundstückes hinter dem Neubau war das Federvieh, Hühner, Enten und Gänse, zu Hause.
Übrigens gab es noch einen zweiten Bauernhof in Karow-Süd. Ging man zum Ende der Straße 49 links um die Ecke in die Straße 47, gleich rechts an einem kleinen Feldstück, aber noch vor der Laake, fand man das Anwesen vom Bauern Rippel. Wenn Herr Rippel mit seinem Pferdewagen die Straße 49 entlang heimwärts fuhr, schlief er manchmal auf dem Kutschbock, er hatte dann wieder einmal ein Bier zuviel getrunken. Die Pferde aber kannten ihren Weg und ihren Kutscher und haben ihn sicher nach Hause gebracht.
Zur Wirtschaft von Kolasius gehörten auch zwei kleine Hunde, die immer grau, und zottelig aussahen, wie zwei Scheuerlappen auf Beinen. Wenn sie nicht eingesperrt waren, lungerten sie missmutig am Hoftor. Einer der beiden Hunde namens Bienchen, der üblere von beiden, biss mich in mein Bein, als ich die ersten Fahrradversuche unternahm. Fahrradfahrer konnte er nicht leiden.
Andererseits hatte Herr Kolasius nichts dagegen, wenn wir Kinder auf den vor dem Grundstück abgestellten Pferdewagen herumtobten. Nur Frau Kolasius, mit der nicht gut Kirschen essen war, verscheuchte uns meist.

Das nächste Grundstück, Nr. 35, gehörte Frau Batte. Die Tochter der Frau Batte, Frau Brockhaus, war beim Einmarsch der sowjetischen Soldaten von diesen vergewaltigt worden. Darüber wurde in Gegenwart der Kinder aber nicht gesprochen, ich habe es erst sehr viel später erfahren. Frau Brockhaus starb schon in frühen Jahren, etwa um 1950 und hinterließ ihrer Mutter, Frau Batte die beiden Enkel Karin und Klaus-Peter Brockhaus. Der Großvater, Herr Batte, war schon lange nicht mehr am Leben, so dass Frau Batte die Betreuung der

Enkel allein übernahm, was diese schon ältere Frau mit einer bewunderungswürdigen Leistung vollbrachte. Das Haus war klein und hatte keinen Wasseranschluss, eine Pumpe musste als Wasserspender dienen. Karin und ihr Bruder Peter, wie er allgemein genannt wurde, gehörten zu meinen Spielgefährten. Die Familie war katholisch, was aber kaum sichtbar war. Frau Batte, hoch aufgeschossen und schlank, hat ein Alter von 87 Jahren erreicht.

Heinrich Ludwig und seine Frau Cläre bewohnten das nächstfolgende Grundstück. Anfangs gehörte noch Frau Springer, die Mutter von Frau Ludwig, zur Familie. Sie ist aber schon früh gestorben. Heinrich Ludwig, Heini genannt, war erst spät aus sowjetischer Kriegsgefangenschaft heimgekehrt und war dann bei der Volkspolizei beschäftigt. Sobald er von seiner Arbeit nach Hause kam, entledigte er sich sofort seiner Uniform. Da Volkspolizisten zu den Staatsfeiertagen ihr Haus beflaggen mussten und er der einzige in unserem Teil der Straße 49 war, der überhaupt eine Fahne zeigte, hatte er diese an einem Fahnenmast hinter einem Baum so angebracht, dass sie von der Straße kaum zu sehen war. Ludwigs waren sehr nette und hilfsbereite Nachbarn.

Das Grundstück neben Ludwigs gehörte Frau Kaebe, die mit ihrem Lebensgefährten dort wohnte. Da Frau Kaebe berufstätig war, sah man sie nur selten.

Frau Römer mit ihrem Sohn Erwin und dem Schäferhund Heidi bewohnten das nächste Grundstück. Frau Römer war eine ältere Frau und ihr Mann schon lange tot. Erwin war geistig behindert aber eine gutmütige Natur. Kinder sind ja manchmal gedankenlos und hänseln solche Menschen, das haben wir bei Erwin niemals getan. Als meine Schwester Eva mit ihrem neuvermählten Mann Siegfried Heinrich eine Bleibe suchten, konnten sie in einem möblierten Zimmer bei Frau Römer wohnen, bis sie eine eigene Wohnung erhielten. Dabei lernte ich auch das Wohnzimmer, das gute Zimmer, von Frau Römer kennen. Das Zimmer war mit Möbeln aus der Zeit etwa um 1880 eingerichtet, mit vielen Säulen und Schnörkeln und beeindruckte mich damals enorm, obwohl der Zeitgeist nach modernen glatten Formen rief.

Das folgende Grundstück war ein Wochenendgrundstück mit Laube der Familie Wilcke . Obwohl dort auch Kinder vorhanden waren, ließen sie sich kaum auf der Straße sehen, um mit den „Eingeborenen" zu spielen.

Das nächste Grundstück war Wohnstätte von Herrn und Frau Marx. Letzterer starb früh und überraschend und seine Frau bewohnte das Haus fortan allein. Frau Marx ist mir als eine sehr freundliche und zugängliche Person in Erinnerung.

Das Grundstück nach dem der Frau Marx war das Eckgrundstück des alten Dochow. Ein alter, einzeln lebender Mann, der seine Laube mehr schlecht als recht winterfest gemacht hatte und dort ständig wohnte. Eine Nachbarin aus der Straße 45 kümmerte sich um ihn. Er selbst war eigentlich kaum zu sehen. Der Eingang zum Grundstück befand sich in der Straße 45. Ursprünglich war das Grundstück mit einem Zaun und einer Hecke versehen. Den Zaun hatte das Zeitliche gesegnet und die Hecke war zu einem Urwald herangewachsen, die schon in die Straße hineinwuchs und beim Versteckspielen wunderbare Möglichkeiten bot.

Wir überqueren die Straße 49 und beginnen mit dem Eckgrundstück Straße 49, Straße 45 die Rückwanderung zur Straße 44 auf der anderen Seite. Auf diesem Grundstück war die Familie Potertschek zu Hause. Herr Potertschek war ein Kriegsinvalide des 1. Weltkrieges mit einem dreirädrigen Rollstuhl. Er schaute meistens grimmig und verscheuchte die Kinder. Seine Frau blickte immer düster und streng. Sie stand oftmals am Bahnhof Karow und verkaufte als ambulanter Kleinhandel Seifenwaren. Die schon größere Enkeltochter Eveline war bald ausgezogen, man sah sie sehr selten.

Das darauffolgende Grundstück war ein kleines Wochenendgrundstück und gehörte Martin Grzyl. Den Wochenendbungalow auf dem Grundstück hat mein Schwager Siegfried Heinrich mit errichtet, ihm oblagen die Betonarbeiten. Zur Familie gehörten noch die Frau, ein älterer Sohn und eine Tochter in unserem Alter. Aber auch sie hat sich niemals an unserem Treiben auf der Straße beteiligt.

Das nächste, wieder große Grundstück, gehörte der Familie Willi Grzyl, was er mit seiner Frau, den beiden Söhnen Ulrich und Bernd sowie zunächst noch mit den Eltern der Frau Grzyl, die aber bald starben, bewohnten. Willi Grzyl war, wie bereits erwähnt ein gefragter Herrenschneider. Ich sehe ihn heute noch in seinen besten Jahren auf dem großen Zuschneidetisch im Schneidersitz hocken. Das große Schneiderzimmer war eigentlich das Zentrum des Hauses wo sich Arbeit und Leben abspielten. Der große Sohn Ulrich ging schon früh in den Westen und hatte dort eine Karriere bei der Bundeswehr. Bernd der jüngere Sohn, ein paar Jahre älter als ich, war gerade noch vor dem 13. August 1961 nach Westberlin gegangen. Auf dem Grundstück der Grzyls befand sich hinter dem Haus der Luftschutzbunker, da das Haus nicht unterkellert war. Er wurde damals als Gemüselager verwendet. Die Grzyls waren katholisch und als einzige im beschriebenen Straßenabschnitt der Straße 49 sonntägliche Kirchgänger.
Obwohl unsere Familie Priese sozusagen „heidnisch" war, haben wir immer ein gutes, teilweise herzliches Verhältnis zu den Grzyls gehabt.

Im nächsten Grundstück folgt die Familie Pälicke. Eigentlich bestand die Familie nur aus Herrn und Frau Pälicke, ihre Tochter war bei einem Bombenangriff auf Berlin, aber nicht in Karow, umgekommen. Herr Pälicke war ein dicker, gemütlicher Monteur, der spätnachmittags mit seiner riesigen Monteurtasche über der Schulter von der Arbeit nach Hause strebte. Für uns Kinder hatte er immer ein freundliches Wort übrig. Frau Pälicke tratschte wohl ganz gerne, man sah sie oft mit Nachbarinnen schwatzen.

Das nächste Grundstück hatte die Nummer 32 und gehörte Ferdinand, genannt Nante und Martha Schulz, die beide schon hoch betagt waren. Ende der 1950er Jahre zogen nach dem Tod der beiden, die Enkeltochter Margot und ihr frisch angetrauter Mann Hanne Bürger für wenige Jahre ins Haus. Man erzählte, dass Nante Mitglied der SA gewesen war. Beide, besonders Martha, waren verbiesterte Typen und keine guten Nachbarn, was sich im Laufe der Jahre von Seiten Nantes mir gegenüber aber änderte. Meine Eltern waren mit den Schulzens zerstritten, Nante hatte in unserem Garten Maiskolben geklaut. Dennoch habe ich die beiden immer freundlich gegrüßt und manchmal mit der Hand gewinkt. Freundlichkeit besiegt Feindschaft, wenn auch sehr, sehr langsam. Die Beziehungen zum Nachbarhaus änderten sich mit dem Auszug der beiden Alten und dem Einzug der kleinen Familie Bürger grundlegend. Mit Hanne und Margot, dazu noch meine Eltern und Schwester Eva und ihr Mann Siegfried haben wir manche nette Stunde verlebt.

Die Bewohner des folgenden Grundstückes mit der Nummer 34 waren wir, die Familie Priese, inzwischen nur noch zu dritt im Haus wohnend. Eva und Siegfried lebten mit ihrer kleinen Tochter Bärbel bereits in einer Wohnung in der Straße 48, Nummer 10.

Haus der Familie Priese

Es folgt nach den Prieses in der Nummer 34 das Grundstück von Emil Puls, der auch Bauherr des Hauses war Anfang der 1930er Jahre. Seine Frau starb während des Krieges an Krebs und wurde auf dem Blankenburger Friedhof begraben, der Karower Neue Friedhof existierte noch nicht. Emil Puls fand eine neue Frau in Charlottenburg, die er bald heiratete. Da die „neue" Frau Puls, wie sie zunächst genannt wurde, in Charlottenburg ein Lebensmittelgeschäft betrieb und dort in der Nähe ihre Wohnung hatte, zog Emil zu ihr.

Das Haus in Karow wurde zum Teil vermietet an Herrn und Frau Pethke. Die Pethkes waren lustige Leute, besonders Kurt Pethke. Eigentlich war er von Beruf Frisör und schnitt mir deshalb in unserer Küche die Haare. Wegen einer Kriegsverwundung konnte er seinen Beruf aber nicht mehr ausüben und war als Briefträger bei der Post in Buchholz beschäftigt. Dorthin fuhr er mit einem Fahrrad, das mit einem Hilfsmotor ausgestattet war und laut knatterte. Hühnerschreck nannten wir das Gefährt. Die Pethkes waren noch junge Leute und hatten einen Kinderwunsch. Frau Pethke erklärte mir, dass, wenn ich Salz auf ihr Fensterbrett streute, der Klapperstorch einen Jungen und wenn ich Zucker nehmen, ein Mädchen bringen würde. Was sollte ich mit einem Mädchen, ein Junge musste her. Also streute ich Salz. Frau Pethke hatte das sicher vorher kalkuliert, denn Zucker war knapp und man bekam ihn nur auf Marken, war also viel zu schade für das Fensterbrett. Wie das Leben spielt – es kam ein Mädchen mit dem Namen Margit. Mein Vertrauen in den Klapperstorch hatte allerdings erste Risse bekommen. Die Pethkes bewohnten im Haus von Emil Puls nur ein Zimmer und das war natürlich für die kleine Familie zu klein. Deshalb zogen sie etwa 1952 nach Berlin-Blankenfelde am Nordgraben in das kleine Haus ihrer Eltern, was beträchtlich erweitert wurde. Ihren Wegzug bedauerten alle, der Kontakt zu ihnen blieb noch lange Zeit bestehen.

Emil als Eigentümer des Hauses und seine neue Frau Else waren durch die Teilung Berlins nun zu Westberlinern geworden, nutzten aber bis 1961 den trockenen Keller des Hauses, den gesamten Garten und die im hinteren Teil des Grundstückes befindliche alte Laube als Wochenenddomizil. Die Mieter im Haus wechselten, zuerst für ein paar Jahre die Familie Bathke mit dem Sohn Siegfried und Tochter Evelyne, die aber schon etwas älter waren. Nach den Bathkes zog eine Frau Peters mit ihrem großen Sohn in die Wohnung des Hauses. Danach übernahmen die Wohnung und nach dem Mauerbau auch den Garten die Familie Ruck. Rucks waren ebenfalls Schneider, die zu Hause im Verlag arbeiteten. Beim ihrem Einzug hatten sie zwei Kinder, Detlef und Brigitte, die aber jünger waren wie unsere Truppe. Später gesellten sich zu den beiden Kindern noch weitere dazu. Zu keinem dieser Mieter gestaltete sich ein so herzliches nachbarschaftliches Verhältnis, wie zu den Pethkes.

Auch die Pulsens brachten aus dem Westen Verwandte und Bekannte mit, die einen Tag oder das ganze Wochenende auf dem Grundstück verbrachten. Dazu gehörte auch der ein Jahr ältere Peter Nussbaum mit seiner Oma. Logisch, dass wir miteinander spielten und uns die Zeit vertrieben.

Mit den Pulsens hatten wir ein herzliches, vertrauensvolles Verhältnis. Gegenseitige Hilfe gehörte selbstverständlich dazu. Bei mancher Kleinigkeit, die im Osten nicht erhältlich war, halfen sie. Dennoch, auch sie waren sparsam, jeder krumme Nagel wurde wie bei uns noch gerade geklopft. Emil sprach bei vielen Dingen immer von Friedensware, die noch beste Qualität aufwies, im Gegensatz zu dem Schund, den man nach dem Krieg beim Kauf erhielt.

Ich will der hier beschriebenen Zeit etwas vorgreifen, ins Jahr 1961. Der Mauerbau veränderte alles. In der ersten Woche nach dem Mauerbau am 13. August durften die Westberliner noch nach Ostberlin kommen, ehe der Vorhang für einige Jahre bis zum ersten Passierscheinabkommen fiel. Emil Puls kam in dieser Woche nach Karow und wir alle waren der festen Überzeugung, dass zwar jedermann beim Überschreiten der Grenze kontrolliert, aber ein gegenseitiger Besuch möglich sein würde. Ich konnte nicht ahnen, dass ich Emil Puls damals das letzte Mal gesehen hatte.

Das folgende Grundstück war wieder ein Laubengrundstück und gehörte der Familie Gral. Zwei Enkeltöchter, die im Sommer des öfteren im Garten zu sehen waren, haben niemals auf der Straße mit den anderen Kindern gespielt, warum auch immer.

Das nächste kleine Haus gehörte ursprünglich einer Familie Hoffmann, die überzeugte Nazis waren und so etwas wie Blockwarte waren. Sie haben beim Einmarsch der Sowjetarmee Selbstmord verübt. Zu meiner Zeit lebte dort die Familie Glandin mit den erwachsenen Töchtern Helga, Renate und Ulla. Zwei Enkeltöchter, Elke und Dorit, lebten außerdem im Haushalt. Elke war ein fixes Mädchen, mit der man gerne spielen mochte.

Das letzte Grundstück, und damit sind wir wieder an der Straße 44 angelangt, war das des Kolonialwarenladens Kothe. Der Laden wurde 1950/51 aufgegeben und zu einer Wohnung umgebaut. Dahinein zog die Familie Fellmuth. Sie hatten ebenfalls eine Tochter, die aber erheblich jünger war als ich. Oben im Haus wohnte die Familie Erbe mit ihrem Sohn Wolfgang, von allen nur Erbse genannt. Die Oma von Erbse war Frau Kaebe in der Nummer 31 der Straße 49. Sein Vater übte als Beruf Musiker aus, wohl in einer Tanzkapelle. Erbse, der etwas älter war als wir, war manchmal ein kleines Großmaul und erst als ich ihn im Ringen auf den Rücken gelegt hatte, standen wir auf gleicher Augenhöhe. Wir wollten dann mit ihm eine Straßenfußballmannschaft gründen und er versprach, uns Trikots zu beschaffen. Das tat er auch, allerdings kam bald heraus, dass er sie in der Schule geklaut hatte. Peinlich auch für uns und natürlich hat die Schule die

Trikots mit Entschuldigung zurückerhalten. Einmal überraschte uns Erbse mit einem relativ großen Modellsegelboot. Wir liefen zum großen Karower Karpfenteich, der damals noch eine bedeutende Wasserfläche und ein freies Ufer aufwies. Die Segel wurden eingestellt und das Boot schwamm vom Wind getrieben ohne Schnurbefestigung im Wasser, kam aber stets ans Ufer zurück. Wir beneideten Erbse um dieses schöne Boot.

Der Kreis der Kinder zwischen Straße 44 und 45

Viele Kinder aus der Straße 49 fanden schon Erwähnung, aber es gab weitere Kinder und Jugendliche aus meiner und den unmittelbar angrenzenden Straßen. Die sollen nachfolgend Erwähnung finden. In den weiter weg liegenden Straßen von Karow-Süd wohnten natürlich weitere Kinder, mit denen aber keine Kontakte bestanden. Ich erinnere mich an ein Mädchen aus meiner Klasse, Marianne Sydow, die dort wohnte, aber wo genau kann ich nicht sagen. Wir hatten nur in der Schule Kontakt miteinander.

Vorrangig haben immer Kinder einer bestimmten Altersklasse miteinander gespielt. Ein bis zwei Jahre konnte das Alter nach oben oder nach unten abweichen. Mit den kleineren konnte man bei vielen Spielen wenig anfangen, bei den größeren musste man aufpassen, um nicht wegen Aufmüpfigkeit eines auf die Mütze zu bekommen. Dies gehörte zu den üblichen Rangauseinandersetzungen unter Kindern, die bei uns aber fast immer friedlich ausgingen und falls es doch mal Krach gab – am nächsten Tag schien wieder die Sonne.

Zu den engsten Freunden zählten für mich Jürgen Thurack aus der Straße 48, Nummer 32 und Klaus-Peter Brockhaus aus der Straße 49, Nummer 35, mir direkt gegenüber. Klaus-Peter Brockhaus ist leider schon früh, im Jahr 1988, gestorben. Wir drei bildeten ein enges Trio und wenn ich von wir spreche meine ich meist unser Trio. Mit Klaus-Peter Brockhaus und mir, ebenfalls mit dem Namen Klaus-Peter ausgestattet, gab es eine Vereinbarung, dass ich als der ältere, Klaus und der andere Klaus-Peter, gut einen Monat jünger als ich, nur Peter gerufen wurde. Diese Regelung wurde sogar von den Lehrern akzeptiert, zumal wir immer in einer Klasse waren. Neue Lehrer mussten wir erst „einweisen", aber sie übernahmen unsere Festlegungen. Bis heute halte ich mich übrigens an diese Absprachen, für die es allerdings noch einen weiteren Grund gibt. In den 1950er Jahren sendete der Sender RIAS Berlin eine vielgehörte Satiresendung, namens Insulaner. Bei den Sketchen der Satiriker gab es die Rolle des Genossen Klaus-Dieter, der besonders dämlich daherkam. Und solch einen oder ähnlichen Doppelnamen mit Bindestrich wollte ich keinesfalls führen, denn Klaus-Peter und Klaus-Dieter lagen ja nicht so weit auseinander.

Im nicht beschriebenen Teil der Straße 49, jenseits der Straße 45, wohnten die Brüder Bernd und Jörg Suchland, beide älter als wir. Als die beiden, Bernd und Jörg, Jugendweihe feierten und ich, wie das damals üblich war, Blumen und einen Kartengruß ablieferte, sahen sie in ihren neuen pickfeinen Anzügen aus, wie von einem anderen Stern. Irgendwie beeindruckend und gleichzeitig fremd. An der Ecke Straße 49, Straße 45, gegenüber von Dochow wohnte die Familie Pekel, auch mit mehreren Kindern. Der Sohn Detlev war für uns aber ebenfalls zu alt. Schräg gegenüber von Pekels in der Straße 45 wohnte Harald Glenewinkel, den alle Welt nur Hale nannte. Dann von der Straße 45 um die Ecke in die Straße 48. Hier wohnten in der Nummer 8 Brigitte (Gitti) und Renate Papke, die ihren Vater unterstützen mussten, da die Mutter früh gestorben war. Gitti angelte sich später meinen Freund Jürgen Thurack und heiratete ihn -oder umgekehrt. Im Nebenhaus, Grundstück Nummer 10, wohnte Manfred Ziebell, der überall Zippel gerufen wurde und meist Dämlichkeiten im Kopf hatte. Er heiratete später Brigitte Ruck. Seinem Vater fehlte durch eine Kriegsverletzung ein Arm, was ihn aber nicht hinderte viele Handwerksarbeiten in bewunderungswürdiger Art und Weise zu versehen. Ins gleiche Haus Nummer 10, in die untere Wohnung, zog meine Schwester mit ihrer Familie, zu der unterdessen seit 1957 Töchterchen Bärbel gehörte, die mich zum stolzen Onkel machte. In der Straße 48, schon fast an der Straße 44 wohnte beim Tischler Thiele Klaus Hermann. Seine Mutter hatte Herrn Thiele geheiratet. Klaus hatte als Kind Kinderlähmung bekommen und war für wilde Spiele auf der Straße nicht zu haben. Auch war er älter als wir. An der Ecke Straße 48, Straße 44 wohnte bei ihrer Oma namens Müller Ingrid Pilz. Sie war eng befreundet mit Karin Brockhaus bis sie zu ihrer Mutter nach Westberlin verzog. Links in der Straße 44, Richtung Blankenburger Chaussee wohnte Bernd Müller, der damals nur Heini genannt wurde. Als mir später sein Name Bernd genannt wurde, dachte ich erst an eine Verwechselung. Bernd war in der Schule ein überdurchschnittlicher Schüler, der nach der Grundschule die Oberschule besuchte und dort sein Abitur ablegte. Aber für unsere Streiche war er stets zu haben. Müllers gegenüber wohnten die Kinder von Erwin Fisch, die für unsere Aktivitäten aber zu klein waren. Im Haus des Lebensmittelladens von Starck, im Obergeschoss, wohnte die Familie Teske und hinten im Gartenhaus die alte Frau Kirchner. Frau Teske war ihre Tochter und ihre beiden Kinder, Sohn Winfried und Tochter Siegried ihre Enkel. Winfried war älter als wir und hatte demgemäß andere Interessen. Nun links in die Straße 48 eingebogen, da stand das Haus des Tischlers Görtz, Nummer 29. Oben im Haus wohnte die Familie Ludewig mit mehreren Kindern. Jörg, Stephan, Matthias und Sibylle sind mir in Erinnerung. Im Haus daneben wohnten die Scheuchs mit den Kindern Helga, Uschi und Peter. Helga war schon fast erwachsen und heiratete bald nach Westberlin. Uschi ist mir heute in Buch eine liebe Nachbarin.

Das Haus gegenüber von Scheuchs war für mich das wichtigste, denn hier wohnte Freund Jürgen und seine Schwestern Karin und Gisela. Karin war wiederum schon älter und blickte milde lächeln auf unsere Aktivitäten. Mittelpunkt der Hausbewohner waren die Eltern von Jürgen Thurack, Hans und Hildegard Thurack. Sie waren schon vor dem Krieg Kommunisten und blieben auch in der Nazizeit ihren Überzeugungen treu, haben aber niemals nach dem Krieg „abgehoben", wie man sagt, sondern sind immer bodenständig geblieben. Sie brachten sich in die neue Gesellschaft mit vielen Aktivitäten ein. Beispielsweise verteilte Frau Thurack die Lebensmittelkarten für die Anwohner der anliegenden Straßen, was einen erheblichen Aufwand bedeutete. Noch aus der Vorkriegszeit stammte ihre Leidenschaft für den Wassersport. Mit Faltboot und Zelt und gleichgesinnten Verwandten und Freunden bereisten sie die Märkischen Gewässer. In einem Jahr nahm ich in der Gegend von Neustrelitz an solch einem Camping-Urlaub mit Faltbooten teil. Es waren zwei sehr schöne Wochen mitten im Wald an einem See.

Oben im Haus wohnten die Großeltern von Jürgen väterlicherseits, seine Oma Ida und sein bereits erwähnter Opa, der Schlosser Willi, der aber schon Anfang der 1950er Jahre verstarb. Bei den Großeltern wuchsen noch zwei Enkel, Kinder des Bruders von Hans Thurack, Werner Thurack, namens Silvia und Günter, auf. Die beiden gehörten natürlich zum engen Kreis der Spielgefährten. Hinten im Garten war noch ein kleines Häuschen in dem die Stiefoma von Jürgen wohnte. Als letzter der Bewohner ist ein Freund Hans Thuracks zu erwähnen, der oben im Haus ein Zimmer bewohnte, aus Schwaben stammte und Onkel Heiner gerufen wurde. Zu den ständigen Bewohnern des Hauses kamen noch Verwandte und Bekannte hinzu, die auch Kinder mitbrachten und unseren Spielkreis vergrößerten. Zu nennen wäre da Gerhard Kütbach aus Blankenburg, Alfred Ollmann und Sabine Germer.

In der Straße 44, neben dem Kolonialwarenladen von Kothes, wohnte die Familie Boberg mit mehreren Kindern. Auf der anderen Seite der Blankenburger Chaussee und direkt an dieser wohnte ein Klassenkamerad von mir, den ich mehrmals besuchte. Er hieß Wolfgang Vogel und noch in der ersten Hälfte der 1950er Jahre zog die Familie ganz offiziell nach Wuppertal. Im gleichen Gebiet, in der Straße 36 wohnte Heike Christofzik, die ebenfalls in meiner Klasse war und von der 1. bis zur 8. Klasse immer zu den besten Schülern gehörte und dann natürlich die Oberschule besuchte. Ihre Mutter war eine sehr nette Frau, die ich mochte.

KAROW UND SEINE AKTEURE INSGESAMT

Karow-Süd habe ich beschrieben, so wie es sich mir in den 1950er Jahren darbot. Dieses Gebiet wurde erst in den 1920/30er Jahren auf Ackerland erschlossen und bebaut. Andere Teile von Karow waren älter, das Dorf bis ins Mittelalter zurückreichend, als der Niederbarnim systematisch durch die brandenburgischen Markgrafen mit Siedlern aus deutschen Altgebieten und der verbliebenen slawischen Restbevölkerung neu strukturiert wurde. Das Dorf Karow ist ein typisches Kolonisten-Straßendorf aus dieser Zeit. Im Dorf selbst gab es in den 1950er Jahren beidseitig meist große Bauerngehöfte. Die Karower Bauern waren gegen Ende des 19. Jahrhunderts durch den naheliegenden Absatzmarkt Berlin mit ihren Erzeugnissen zu Wohlstand gekommen. Das drückte sich sichtbar in den reich verzierten Fassaden ihrer Vorderhäuser und in den großen, aus roten hartgebrannten Ziegeln erbauten Scheunen und Ställen aus. Es war im Sommer ein schöner Anblick im satten Grün der Dorfkastanien und dem Gras auf der Dorfaue, die Gründerzeithäuser und im Hof die roten Ziegelgebäude mit ihren grüngestrichenen Toren zu sehen. Hinter den Wirtschaftsgebäuden zogen sich tiefe Bauerngärten bis an die Feldflur. Auf jedem Gehöft fand sich ziemlich in der Mitte ein großer Dunghaufen, der durch das ausgemistete Stroh aus den Tierställen einen gelbbraunen Mittelpunkt des Hofes markierte. Auf der Dorfaue und in den Gehöften, deren Tore weit offenstanden, standen die Ackerwagen und sonstige Großgeräte.

In der Mitte und Mittelpunkt des Dorfes befand sich die Kirche samt Friedhof, die Feuerwache und die Alte Schule, bewacht von der alten Kaisereiche. Gegenüber, auf der anderen Straßenseite, war eine alte Tankstelle, die nicht mehr in Betrieb war und dahinter ein Autoschrottplatz, gleichsam das 20. Jahrhundert zur Geltung bringend. An der Ecke Frundsbergstraße, schräg gegenüber der Kirche, war die Gaststätte „Dreimädelhaus", aber auch sie nicht mehr in Betrieb. Die gegenüberliegende Ecke der Einmündung der Frundsberstraße war nur mit einem winzigen Häuschen bebaut, worin sich bis etwa 1952 ein Schreibwarenladen befand. Er war unser Lieferant für die begehrten Lackbilder. Wiederum gerade gegenüber auf der anderen Straßenseite befand sich weit hinten auf einem Grundstück eine Gärtnerei. Diese Gärtnerei gehörte einer Familie Schwiglewski, zunächst dem Vater Adolf (Die Abkürzung Ad. auf einer Plakette von 1897 löse ich als Adolf auf) sowie seinem Sohn Oscar. Sie betrieben dort vor und nach dem 1. Weltkrieg eine bedeutende Zucht von Dahlien und errangen national und international bis in die USA wichtige Preise. Anfang der 1950er Jahre kauften meine Eltern im Frühjahr in dieser Gärtnerei ihre Tomatenpflanzen, von Dahlien war nie die Rede. Erst durch meine spätere Tätigkeit als Numismatiker kam ich mit der Geschichte dieser Gärtnerei in Berührung.

Hinter der Alten Schule in Richtung Buch war nur noch der Altstoffhandel von Kerkow für mich ein Begriff, bedeutete er doch eine der wenigen Einnahmequellen, die sich einem Schüler erschlossen. Kerkow wachte mit strengen Augen darüber, dass ihm kein angeschlagenes Glas oder nasses Papier untergeschoben wurde. Dahinter, in Richtung Buch, war Karow-Dorf für mich weitgehend unbekanntes Terrain. In der dort gelegenen Stellmacherei auf der rechten Dorfseite war ich nie gewesen. Ebenso kann ich nichts über die Akteure hinter dem Dorf, in der Siedlung sagen. Auch dort existierte eine Holz- und Kohlenhandlung, ein Lebensmittelgeschäft und anderes mehr.

Anders der Dorfteil in Richtung Neue Schule an der Bahnhofstraße. Wo sich nach der Wende für lange Zeit ein Autohaus etablierte, befand sich das Lebensmittelgeschäft von Baltrusch, dass aber außerhalb meines Interesses lag. Wichtig war schräg gegenüber, gleich neben einer Schmiede/Schlosserei, der Frisörladen, der mit der Schmiede sozusagen eine Gebäudesymbiose eingegangen war. Dies war der Frisör, der für sehr wenig Geld, waren es 50 oder 60 Pfennige, meine Haare schnitt, meist zu kurz nach meinem Geschmack. Der Frisör, der für die Kinder zuständig zeichnete, war ein komischer Typ und recht ruppig. Er hatte einen hochgezogenen Kopf, der im Gesicht eingedrückt war und ihm das Aussehen eines Halbmondes verlieh. Von den Kindern konnte er natürlich kein Trinkgeld erwarten und deshalb musste es auch schnell gehen, die Haarschneidemaschine vollendete zügig ihr Werk. Aus heutiger Sicht hat er uns damals hochmoderne Kurzhaarfrisuren verpasst. Gott-sei-Dank war die eigene Eitelkeit noch wenig ausgeprägt. Damals allerdings sprachen wir von Russenhaarschnitten, eingedenk der üblichen Haarschnitte der sowjetischen Soldaten. Aber die Natur ist gnädig und Haare wachsen gerade im Kindesalter schnell nach.

Wieder auf die andere Straßenseite, zur Einmündung der Bahnhofstraße. Dort befand sich im Eckgebäude die Bäckerei Heerde, in der mein Vater bis 1953 arbeitete. Diese Tatsache verschaffte mir gelegentlich Zugang zur Backstube, die in einem Hofgebäude untergebracht war. Dort herrschte während der Arbeitszeit, selbst bei niedrigsten Außentemperaturen, immer Sommer. Dafür war die Arbeit schwer und die maschinelle Ausstattung gering. Den Laden im Vorderhaus betrieb Frau Heerde, die sich dazu auch noch um ihren kleinen Sohn Reinhardt, genannt Reini, kümmern musste. Noch vor der Bäckerei bot die Fleischerei Wenzel ihre Waren an.

Genau gegenüber der Bäckerei Heerde an der Einmündung der Straße 52 lag die Gaststätte, die wir heute als Alt-Karow kennen. Sie war die wichtigste in Karow und hatte im Laufe der Zeit verschiedene Betreiber. Die Gaststätte verfügte über einen großen Saal und anschließend daran über einen Biergarten mit großen alten Bäumen. Zu Pfingsten fanden dort die beliebten Pfingstkonzerte statt, wozu auch manche Pfingstpartie aus Berlin hinzukam. Im Saal wurde nach

Kriegsende ein Kino eingerichtet, das bis etwa um 1950 existierte. Die Einrichtung war improvisiert, die Besucher saßen auf normalen ungepolsterten Stühlen, die irgendwie miteinander verschraubt waren. Ich habe dort mehrere Filme, wahrscheinlich sowjetische Kinderfilme, gesehen, habe daran aber keine Erinnerung mehr. Jedenfalls war es proppenvoll zu den Vorstellungen.

An der Gaststätte und gegenüber an der Bäckerei Heerde war das Dorf Karow zu Ende. Zur sich anschließenden Neuen Schule schreibe ich etwas im Kapitel Schulzeit. Gegenüber der Neuen Schule bildete die Blankenburger Chaussee, die in Höhe der Bahnhofstraße ihren Anfang nahm, mit der Straße 52 ein spitzes Dreieck. In diesem Dreieck stand ein kleines Häuschen aus Holz mit einem Schaufenster und einer Eingangstür zur Straßenfront. In diesem Häuschen wurden Tabakwaren und Zeitungen verkauft. Da sich genau vor dem Häuschen die Bushaltestelle Richtung Buch befand und schräg gegenüber die Einmündung der Bahnhofstraße lag, hatte das Häuschen in Karow sozusagen eine 1A-Lage. Zeitungen brauchte jeder und das Rauchen war damals noch sehr weit verbreitet. Interessant war und ich habe das mehrmals beobachtet, dass Zigaretten teilweise noch stückweise verkauft wurden. 3, 4, 5 Stück wurden auf Verlangen in eine kleine Papiertüte eingefüllt und dem Kunden übergeben. Der Groschen, also das 10 Pfennig-Stück, war ein Geldbetrag, mit dem man sparsam umging. Die Zigaretten der Marken Casino, Salem und weitere kosteten pro Stück ca. 10 Pfennig und eine ganze Schachtel mit 20 Stück Inhalt so um die 2 Mark. Das war schon ein merkbarer Betrag. Noch auf dem gleichen Grundstück, im dort stehenden großen Haus, lag ein kleiner Kellerladen, der Papier- und Schreibwaren, Kleinspielzeug und später auch Zeitungen anbot und von einer Frau Matthies betrieben wurde und nicht nur von den Schülern stark frequentiert war. Im sich anschließenden Garten befand sich um 1950 ein kleiner Pavillon, in dem im Sommer Eis angeboten wurde, der aber nur kurze Zeit zum Leidwesen aller Kinder existierte.

Auf der anderen Straßenseite, gleich hinter der Neuen Schule lag die Gärtnerei Guth. Spezialität dieser Gärtnerei waren Pantoffelblumen im Blumentopf, die man dort in den Wintermonaten erhielt. Ansonsten waren Schnittblumen im Winter Mangelware und im Frühjahr, Sommer und Herbst zogen die Leute in ihren Gärten selbst Blumen von der Narzisse bis zur Winteraster.

Ein paar Grundstücke weiter befand sich die Bäckerei Blaschke. Die hatte für uns eine ganze Zeitlang eine wichtige Bedeutung. Irgendwie, warum und weshalb weiß ich nicht mehr, kauften wir dort für wenige Pfennige Bäckerhefe und aßen die auf dem Nachhauseweg pur. Und uns schmeckte das Zeug auch noch. Diese merkwürdige Angewohnheit erstreckte sich über 1, 2 Jahre, dann hatte die Hefe als Heimwegvergnügen ihre Rolle ausgespielt.

Noch ein Stückchen weiter auf der Blankenburger Chaussee, aber auf er anderen Straßenseite, lagen die Reste einer Tankstelle, die aber wegen der Kriegszeit niemals vollendet wurde. Man sah nur noch die beiden Auffahrten von der Chaussee und die Betonbasis für die Tanksäulen.

Bleiben wir auf der gleichen Seite kommen wir an das Lebensmittelgeschäft von Gerasch, wo man zum Laden einige Treppen nach oben steigen musste. Heute befindet sich dort eine Einrichtung für die Herstellung und den Verkauf von Grabmahlen.

Über das zwei Grundstücke weiter befindliche Fahrradgeschäft von Woitschach schreibe ich etwas in den Kapiteln Mobilität und Schulzeit in Karow.

Für die Straße 52, Ecke Straße 50 ist noch der dort befindliche Konsum für Lebensmittel nachzutragen. Normalerweise kauften wir dort nicht ein, er lag ungünstig für uns, hatte aber eine moderne Wäscherolle, wo man die Wäsche leicht und kräftesparend rollen konnte. Mit meiner Mutter bin ich dort immer nach der großen Wäsche per Handwagen und Wäschekorb hingefahren, um bei dieser wichtigen Haushaltsarbeit zu helfen.

Ganz wichtig für unsere Familie war der Schuster, denn Schuhe waren teuer und wurden dementsprechend oft repariert. Unser Schuster hieß Schröder und wohnte in der Tichauer Straße ziemlich vorne am Feld. Auf ihrem Grundstück hatten sie ein kleines Haus und in dessen Küche befand sich in einer Ecke am Fenster die Schusterei. Die Schröders stammten aus Schlesien und sprachen noch den heimatlichen Dialekt. Frau Schröder war eine kleine zierliche Person aber mit einer kräftigen Stimme und die brauchte sie auch, denn ihr Mann Paul war sehr schwerhörig. Nur deshalb kenne ich auch seinen Vornamen. „Paul" brüllte sie „der junge Herr will die Schuhe repariert haben". Mit dem „jungen Herrn" war ich gemeint, ich ein kleiner Schuljunge. Das war mir äußerst unangenehm. Aber mit Paul, der außerdem noch dicklich und behäbig war, kam ich auch per Zeichensprache gut zurecht. Und sein Fach verstand er, obwohl die Schuster damals wohl auch Materialprobleme hatten. Er verwendete für einige Arbeiten statt Nägel kleine angespitzte Holzstifte und siehe da, die hielten auch. Die Reparaturen kosteten nur Pfennige und reich konnte Paul bestimmt damit nicht werden. Der Weg zum Schuster führte, von der Blankenburger Chaussee aus gesehen, über die Beuthener Straße, was aber einen Umweg darstellte. Nicht nur ich, sondern die meisten Leute, benutzten einen Trampelpfad über das Feld direkt zur Tichauer Straße, selbst wenn dort Getreide stand. Dabei musste der Upstallgraben überwunden werden, der allerdings selten Wasser führte, und wenn dann im Frühjahr.

Die für alle Karower wichtigste Straße war die Bahnhofstraße. In der Schule hatten wir gelernt, dass sie von der Blankenburger Chaussee bis zum Bahnhof Karow genau 1 Kilometer misst. Diese Aussage habe ich nie nachgeprüft aber dennoch ist bis heute die Karower Bahnhofstraße für mich der innere Maßstab für die Entfernung von 1 Kilometer. Hier in der Bahnhofstraße und anliegenden

Straßen begann vom Bahnhof ausgehend das neue Karow ab Ende des 19. Jahrhundert auf das alte Dorf Karow zuzuwachsen. In dieser Karower Hauptmagistrale und unmittelbar angrenzend in den Nebenstraßen lagen nun die wichtigsten Karower Einrichtungen. Die Post, die Sparkasse, die Bibliothek, die Arztpraxen Dr. Walter Kort und Dr. Erhard Dolze, weiterhin eine homöopathische Praxis (über der Post), eine Physiotherapie, eine Apotheke, gleich um die Ecke am Hubertusdamm eine Drogerie, zwei Frisöre, ein Seifengeschäft, Lebensmittelläden, Fleischereien, ein Fischgeschäft, Läden für Stoff- und Kurzwaren, Spielwaren, Papier- und Schreibwaren.

Ganz wichtig war natürlich der praktische Arzt Dr. Kort für unsere Familie, der seine Praxis in einem Geschäftshaus in der Bahnhof-, Ecke Hagenstraße betrieb. In Karow gab es nur zwei praktische Ärzte, eben Dr. Kort und Dr. Dolze und die Karower bildeten zwei Fraktionen, die Kort- bzw. die Dolze-Fraktion und jede behauptete, ihr Arzt sei der Beste. Dr. Kort erhielt zu seiner eigenen Verwunderung, wie er meiner Mutter erzählte, staatlicherseits den Titel „Sanitätsrat". Obwohl er darob mit der Hand abwinkte, erschien bald ein neues Emailleschild vor der Praxis mit dem neuen Titel. Er war aber auch ein guter und allseits beliebter Arzt, der sein Fach verstand. Der Praxisraum war mit vielen Gerätschaften ausgestattet, die man heute in praktischen Arztpraxen vermisst, so konnte er beispielsweise kleine Operationen selbst und sofort durchführen. Ich war in der 5. Klasse beim Klettern mit einem Bein in ein Dachfenster gestürzt und wies am Bein erhebliche Wunden auf, die stark bluteten. Meine Mutter verband mich notdürftig, setzte mich auf unseren kleinen Handwagen und ab gings zu Dr. Kort. Der säuberte und desinfizierte die Wunden, nähte und klammerte sie, ohne Betäubung versteht sich. Seine fast väterliche Art mit dem Streicheln über meinen Kopf und seine beruhigenden Worte, ließen den Schmerz vergessen. Später als ich ihn schon allein aufsuchte, mich die Eitelkeit erfasst hatte, wegen einiger unschönen Warzen, nahm er das sofort in Angriff. Die Warzen wurden vereist und abgerissen und schon war das Problem erledigt. Da ich als Kind immer Ohrenprobleme, Mittelohrentzündung u.ä. hatte, übernahm er auch die Behandlung wie ein HNO-Arzt. Solange ich klein und fiebrig erkrankt war, machte er stets einen Hausbesuch bei uns, zuerst per Motorrad, später per Auto.

An der Ecke Spinolastraße war der Holz- und Kohlenhandel der Familie Wilhelm gelegen, dessen Sohn Dieter mit mir eine Klasse besuchte. Direkt am Bahnhof befand sich das Wirtshaus zum Lindenpark auch mit einem großen Garten ausgestattet. Im Bahnhof selbst war unten ein Zeitungsverkauf. Hinter dem Bahnhof gab es noch eine Bäckerei und die Gaststätte „Zum Pankgrafen".

Eigentlich eine völlig ausreichende Infrastruktur, wenn nicht die üble Pflasterung der Bahnhofstraße gewesen wäre. Die Einkäufe, Besorgungen und Termine, die man vorrangig mit dem Fahrrad erledigte, wurden dadurch zur Tortur. Allerdings waren behindernde, parkende Autos eher die Ausnahme. Jede Medaille hat immer zwei Seiten.

Ganz wichtig für Karow war der S-Bahnhof, der 1945 nur für ganz kurze Zeit außer Betrieb war und seit dieser Zeit bis in die späten 1960er Jahre nur ein Gleis aufwies. Das zweite Gleis war als Reparation nach dem Krieg abgebaut und in die Sowjetunion gebracht worden. Demzufolge fuhr die S-Bahn nur alle 20 Minuten. Unten im Bahnhof befand sich ein Zeitungsverkaufsstand, zwei Fahrkartenschalter und eine Fahrradaufbewahrung. Gegen eine kleine Gebühr mit Quittung konnte man dort sein Fahrrad abgeben und es stand geschützt im Inneren des Bahnhofgebäudes. Betrieben wurde sie in Spitzenzeiten, wie im Berufsverkehr, von zwei Personen. Der Kauf der S-Bahn-Fahrkarten an zwei Schaltern oder an zwei einfach zu bedienenden Fahrkartenautomaten ging blitzschnell vor sich. Man schob zwei Groschen durch die Luke und die Fahrkarte, damals noch aus gelber Pappe, kam durch die Luke. Alles dauerte nur Sekunden. Man vergleiche das mit den heutigen Automaten, wehe man hat es eilig und der Zug ist schon am Einfahren. Oben am Anfang des Bahnsteiges war ein winziges Häuschen, manche sagten dazu Knipserwanne, wo ein Reichsbahner die Fahrkarte entwertete, indem er sie mit einer Zange durchlochte. Ohne Fahrkarte kam man überhaupt nicht auf den Bahnsteig. Auf dem Bahnhof befand sich das Häuschen für den Zugabfertiger, weiterhin ein Wartehäuschen, das im Winter beheizt wurde und ganz hinten befand sich eine Toilette. Es war nicht alles schlecht früher!

KINDHEIT IN KAROW 1950 BIS 1960

Meine Kindheit und die anschließende frühe Jugendzeit war eine wunderschöne Zeit für mich. In fast allen Biografien die ich gelesen habe, geschrieben von mehr oder weniger berühmten Zeitgenossen etwa meines Geburtsjahrganges, kann man die gleiche Einschätzung finden. Das wichtigste war, es gab keinen Krieg. Keine Selbstverständlichkeit in dieser zerrissenen Umbruchzeit. Mit den Folgen nach dem verheerenden 2. Weltkrieg, den Toten, Versehrten und Vermissten, den Vertriebenen, den Trümmern, mit der unendlichen Schuld, die Deutschland auf sich geladen hatte, musste man leben lernen. Die Verwerfungen im Nachkriegsdeutschland und insbesondere Berlins, gingen einher mit einem völligen Neustart in der Gesellschaft, im Osten radikaler, im Westen mehr der Weimarer Zeit verpflichtet. In dieser Spannungssituation wuchs ich auf.

Die Kriegs- und frühe Nachkriegszeit

Karow und auch Buch und Blankenburg hatten nur geringe Kriegsschäden zu beklagen. Da und dort hatten Bomben ein Ziel gefunden und einige Häuser zerstört, aber das waren Ausnahmen. Bedauernswert war die Teilzerstörung der Bucher Kirche und der Orangerie im Schlosspark. Beide Gebäude hätten längst wiederaufgebaut sein können, denn die Zerstörungen waren nur partiell.

Die Bomben auf Karow, waren wohl vor allem Brandbomben, die aber nicht systematisch abgeworfen wurden, sondern vielleicht Restbestände der Flugzeuge waren, die man über dem Berliner Stadtzentrum nicht mehr geschafft hatte auszuklinken. Die alliierten Flugzeuge sollten schließlich ohne ihre tödliche Fracht zu ihren Luftbasen zurückkehren. Beim Umgraben im Garten unseres Hauses in der Karower Straße 49 haben wir bis Mitte der 1950er Jahre mehrere ausgebrannte Brandbomben in der Erde gefunden. Die hatten keinen Schaden angerichtet. Anders verlief ein Luftangriff, als ich noch nicht auf der Welt war. Bei einem Luftalarm im Jahr 1943 schlief meine Schwester fest auf der Wohnzimmercouch und meine Eltern wollten sie eigentlich nicht wecken. Aber dann weckten sie sie doch und suchten den Keller auf, der als Luftschutzkeller diente. Glücklicherweise – denn eine Brandbombe durchschlug das Dach des Hauses und traf genau die Couch auf der meine Schwester geschlafen hatte. Die brannte natürlich, aber durch ein beherztes Eingreifen zusammen mit Nachbarn konnte sie aus dem Zimmer entfernt werden und im Garten endgültig abbrennen. Den reparierten und neu verputzten Einschlagspunkt der Bombe sah man noch viele Jahre. Immer wenn ich auf der neuen Couch lag und an die Decke sah, musste ich an die Bombe denken. Viel schlimmer war, wenn eine Luftmine ein Haus traf, da nutzte auch ein normaler Hauskeller nichts mehr und das Haus war eine Ruine. Einige solcher Schrecklichkeiten waren auch in Karow zu besichtigen, z.B. in der Straße 45.

Die Kämpfe in Berlin hatte unsere Familie nicht erlebt. Meine mit mir schwangere Mutter war mit meiner Schwester Eva zu den Großeltern nach Köslin in Pommern gezogen, um mich dort jenseits aller Bombenalarme zur Welt zu bringen. Mein Vater war im Krieg in Frankreich an der Atlantikküste und buk dort Brot für die Wehrmacht. Er arbeitete mit Franzosen zusammen und hat später nur gutes von ihnen erzählt. Im April 1946 kam er wieder nach Hause, er war aus französischer Kriegsgefangenschaft getürmt und hatte sich bis Berlin durchgeschlagen. Er erzählte später immer, wenn er seine Familie verloren hätte, wäre er zurück nach Frankreich zu seinen Bäckersleuten gegangen.

Meine Mutter, meine Schwester und nun auch ich lebten seit 1944 in Köslin in Pommern bei den Großeltern. Im Kösliner Krankenhaus, wo ich geboren wurde, lernte meine Mutter Frau Thurack kennen und groß war das Erstaunen, dass sie in Karow nur um die Ecke voneinander getrennt wohnten. Frau Thurack war ebenfalls schwanger und brachte einen Tag später als meine Mutter meinen späteren Freund Jürgen zur Welt. Die relativ ruhige Zeit in Köslin ging 1945 durch das Vorrücken der Front schnell zu Ende. Flucht aus Köslin bis Thunow, dann überrollt von der Front, Arbeitseinsatz in einer von der Roten Armee inzwischen gegründeten Kriegs-Sowchose Nr. 2 in Thunow bis September 1945, dies waren die nächsten Stationen und die waren mit zwei Kindern für meine Mutter alles andere als einfach. Hunger, Sorge um die Kinder, keinerlei Nachricht von meinem Vater, Krankheit, harte Arbeit und drängende Zukunftsangst waren tägliche Begleiter. Meine Mutter hat für ihre beiden Kinder Bewunderungswürdiges dabei und bis zur Rückkehr nach Berlin geleistet. Sie war außerdem erkrankt und wurde von schwerer körperlicher Arbeit freigestellt. Auf ihren Antrag durfte sie im September 1945 Thunow und die Sowchose via Köslin über Scheune bei Stettin nach Berlin verlassen. In der Abbildung ist die sowjetische Entlassungsbescheinigung zu sehen, die ich übersetzt habe.

Übersetzung: BESCHEINIGUNG

links ist zu lesen

K(=Kriegs)/Sowchose Nr. 2
96884-A
19-9-45 J(=Jahr)
Nr. 0929

der Text:

Ausgehändigte nachdrückliche Bescheinigung für die Deutsche Priese Erika Jahrgang 1909, dass sie derzeit wohnhaft ist in Thunow Kösliner Bezirk und arbeitete für 96884 Kriegssowchose Nr. 2 vom 18. Juli 1945 bis zum 1. September 1945. Entlassung auf eigenen Wunsch. Die Bescheinigung ist auszuhändigen an die Stadtkommandantur Köslin als Empfangsdokument.

Veranlasser

Bereichsleiter
Leutnant Lasarew
Unterschrift

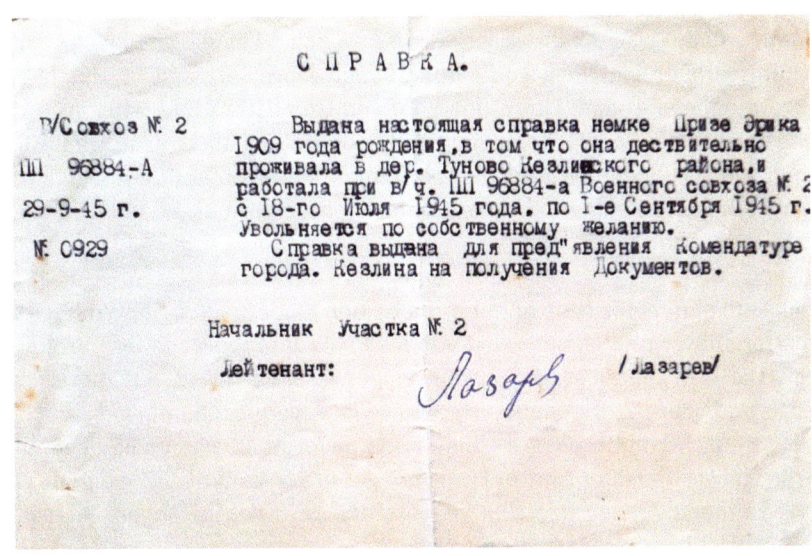

СПРАВКА.

Т/С совхоз № 2

Ш 96884-А

29-9-45 г.

№ 0929

Выдана настоящая справка немке Призе Эрика
1909 года рождения, в том что она действительно
проживала в дер. Туново Кезлинского района, и
работала при в/ч. Ш 96884-а Военного совхоза № 2
с 18-го Июля 1945 года. по 1-е Сентября 1945 г.
Увольняется по собственному желанию.
   Справка выдана для пред"явления Комендатуре
города. Кезлина на получения Документов.

Начальник Участка № 2

Лейтенант: /Лазарев/

Sowjetische Bescheinigung vom 29. September 1945 für meine Mutter

Zeitlich parallel dazu, am 28. 9. 1945, musste meine Mutter einen kleinen Maschine geschriebenen Zettel in polnischer und deutscher Sprache unterschreiben mit folgendem Wortlaut (deutsche Version):
Hiermit erkläre ich mich bereit zur freiwilligen Ausfahrt nach Deutschland. Auch stelle ich keine weiteren Forderungen an den Polnischen Staat.
Koszalin   Unterschrift meiner Mutter   1945

Meine Eltern waren 1935 von der Landsberger Allee nach Blankenburg in die Urbacher Straße gezogen und fanden 1938 ihre endgültige Bleibe in Karow in der Straße 49, Nr. 34. Das dortige Haus war erst Anfang der 1930er Jahre von einer Familie Koch gebaut worden. Herr Koch wurde dienstlich nach Rostock versetzt, hoffte aber immer auf eine Rückkehr nach Berlin, aus der aber nichts wurde. Er blieb in Rostock und vermietete das seiner Frau gehörende Haus an unsere Familie. Einmal im Jahr kam er zu uns und sah nach dem Rechten. Die Miete wurde von uns monatlich nach Rostock überwiesen. Die Grundstücksgröße war mit 952 qm recht groß, das Haus dagegen klein und umfasste lediglich zwei Zimmer, Küche und eine große Diele. Es war aber mit drei Räumen voll unterkellert, wovon ein Keller als Waschküche, einer als Kohlenkeller und der letzte als Vorratskeller für Obst, Eingewecktes usw. diente. In der Mitte des Grundstückes befand sich die alte Laube, vor dem Bau des Hauses errichtet. Sie diente als Schuppen und Hühnerstall. Angebaut war dabei in einem extra Häuschen das Außenklo. Mein Empfinden war immer, dass wir im eigenen Haus wohnten und als Kind machte man sich keine Gedanken über Eigentumsverhältnisse. Erst Ende der 1950er Jahre, ermöglicht durch eine Erbschaft, nahmen meine Eltern den Kauf von Grundstück und Haus ins Visier. Sie wurden mit der Familie Koch einig und nannten sich ab 1960 stolze Besitzer des nun wirklich eigenen Hauses. Verglichen mit heutigen Verhältnissen hatten wir ganz einfache Bedingungen, mit damaligen verglichen, aber einen guten Mittelstandard.

Hierhin kam nun meine Mutter mit ihren beiden Kindern Ende September 1945 nach strapaziöser und langer Fahrt von Köslin an und wollte in ihre Wohnung zurück. Die war allerdings von Zwangseingewiesenen belegt. Bis diese Frage geklärt und zur Zufriedenheit gelöst war, vergingen einige Wochen. Zwischenzeitlich konnte unsere kleine noch unvollständige Familie gegenüber bei Frau Ludwig und ihrer Mutter Frau Springer in der Nummer 33 wohnen. Herr Ludwig kam erst Anfang der 1950er Jahre aus der Kriegsgefangenschaft nach Hause, so dass im Haus Platz vorhanden war.

Meine Schwester Eva nahm noch 1945 den Schulunterricht in Karow wieder auf und meine Mutter hatte zwischenzeitlich an das Rote Kreuz in Genf geschrieben, um nach dem Verbleib meines Vaters zu forschen. Endlich im Januar 1946 kam die langersehnte Nachricht von meinem Vater. Der Gefreite Herbert Priese, Gefangenen-Nummer 824 374 meldete sich per Kriegsgefangenenpost aus Frankreich, Saint Avold, petit Rössele, Lager 4 ins deutsche Leben zurück. Seit seiner Gefangennahme Anfang Mai 1945 an der Atlantikküste hatte er einige Stationen der Gefangenschaft durchlaufen und war im Januar/Februar im Saargebiet gelandet, wo er in einem Steinkohlenbergwerk arbeiten musste. Er beschwerte sich im Brief darüber, dass sogar NSDAP-Mitglieder schon entlassen wurden, er aber, der nie etwas mit den Nazis im Sinn hatte, noch nicht. Pro Monat durften die Gefangenen einen Brief auf einem kleinen Formular schreiben. Im Februar und im März kam noch je ein Brief von ihm und im April 1946 war er selbst wieder zu Hause. Er hatte sich selbst aus der Gefangenschaft entlassen und war getürmt. Im Mai 1946 kam endlich auch vom Roten Kreuz in Genf die Antwort, dass er sich in Frankreich in Gefangenschaft befände. Als Mein Vater oder meine Mutter diese Nachricht aus dem Briefkasten entnahmen, werden sie wohl drei Kreuze geschlagen haben. Etwas schwierig war die Anmeldung bei der sowjetischen Kommandantur in Karow, denn er brauchte eine Anmeldung schon um Lebensmittelmarken zu erhalten. Bei der Feststellung, dass mein Vater Bäcker sei, waren alle Türen für ihn offen und schon ab 2. Mai 1946 arbeitete er in der Brotfabrik Albert Rinne am Ende der

Straße 49. In manchen Situationen sind traditionelle Berufe eben doch von Vorteil.

Die beschriebenen Verhältnisse lagen natürlich vor der Zeit, wo meine Erinnerung einsetzt. Meinen Vater hatte ich bis April 1946 nie gesehen. Ich denke, ab Mitte 1946 ging es mit der Familie langsam wieder aufwärts und als klar war, dass von den nahen Verwandten fast alle den Krieg überlebt hatten, ging der Zug in Richtung Normalität. Schwerer war es für meine Großeltern, Karl und Martha Priese, sie hatten ihre ganze Existenz in Köslin verloren und waren nach der Flucht in Flensburg gestrandet.
Ein Schlag war der Unfall mit Todesfolge, der Otto Priese, geb. 1912 als viertes Kind meiner Großeltern im Jahr 1947 traf. Otto war Berufssoldat, Zwölfender wie man sagte, und in Wünsdorf bei Berlin stationiert. Nach dem Krieg übte er den Beruf eines Kraftwagenfahrers aus und geriet im Berliner Stadtzentrum in seinem PKW unter eine plötzlich einstürzende Ruinenwand. Man kann ihn als spätes Kriegsopfer bezeichnen; er hinterließ seine Ehefrau Editha und meine beiden Cousins Bodo und Roland in Blankenburg.

Unser Haus, der Garten und die „Viecher"

Meine Welt damals war der heimatliche große Garten in dem unser Haus stand. Zwar wuchs überall Gemüse, Kartoffeln, Mais, Beeren, Obst u.a., aber im Vorgarten blühten auch Blumen. Die vielen Obstbäume und -sträucher im Frühjahr mit ihrer Blütenpracht, im Sommer mit ihren schattigen Plätzen und im Spätsommer und Herbst mit ihren Früchten konnten schon ein Kinderleben ausfüllen. Dazu kamen die Haustiere, Hühner, Enten, Gänse und Kaninchen – man war immer in Beschäftigung. Ein Jahr, so um 1950, hatten wir auch eine Ziege. Sie kam ganz jung zu uns und erhielt den Namen Hanni. Hanni wurde ein bester Spielgefährte und wir Kinder tobten mit ihr herum, was offensichtlich der kleinen Ziege auch Spaß machte. Nun war Hanni aber nicht angeschafft worden, um mit uns herumzutoben, sondern um Milch zu geben. Milch im Laden bei der Milchmüllern an der Chaussee gab es nur gegen Lebensmittelmarken und dann noch in Mager- und Vollmilch getrennt. Milch war immer knapp und Hanni sollte Abhilfe leisten. In der Straße 44 war ein Ziegenzüchter mit Namen Lepin, der mehrere Ziegen und einen Ziegenbock besaß. Dorthin ging ich mit meinem Vater und Hanni am Strick. Mein Vater sagte, dass Hanni nur ein paar Tage bei dem Ziegenbock zu Besuch bleiben sollte. Der Ziegenbock war in einer Stallbox untergebracht und streckte seinen Hörnerkopf zu uns aus. Er sah riesig und fürchterlich aus, guckte böse und ich hätte am liebsten Hanni vor dem Besuch bewahrt. Nun ja – arme Hanni. Nach ein paar Tagen war Hanni wieder zu Hause und tobte mit uns. Die Zeit verging und mein Vater stellte zufrieden fest, dass

Hanni dicker wurde. Weitere Zeit verging, aber was die Erwachsenen erwarteten, passierte nicht, Hanni war nicht trächtig geworden aber ordentlich dick. Gegen meinen energischen Protest wurde beschlossen, Hannis Dasein zu beenden, also zu schlachten. Das investierte Futter sollte sich zumindest in Ziegenfleisch auszahlen. Alle Proteste nutzten nichts, eines Tages als ich nach Hause kam fehlte Hanni und ich durfte den Keller nicht betreten. Als in den nächsten Tagen Ziegenfleisch als Gericht auf dem Tisch stand, habe ich gestreikt. Aber Kinder vergessen schnell und eine Woche später hatte man schon wieder andere Dinge im Kopf.

Die Ernährungssituation nach dem Krieg brachte es mit sich, dass fast ein jeder Kleinvieh hatte. Kaninchen standen dabei mit an erster Stelle. Selbst in der Innenstadt von Berlin hielten viele Leute auf ihrem Balkon diese Tiere. Auch wir hatten natürlich Kaninchen aber nur bis etwa 1950. Ich kann mich noch gut an die zum Trocknen aufgespannten Kaninchenfelle erinnern, die eine weitere Einnahmequelle darstellten. Pelzmäntel, vornehm ausgedrückt, aus Kanin, waren Mode.

Sehr viel wichtiger waren in unserer Familie die Hühner, die gackerten bei uns, seit ich denken kann. Mein Vater trat dem Karower Geflügelzüchterverein bei und fortan wurden bei uns Hühner einer Rasse nach züchterischer Art gehalten. Zuerst hatte er Dominikaner, dann weiße Leghorn und zum Schluss am längsten New Hemshire. Die Leghorn legten sehr fleißig Eier, waren als Schlachthühner aber zu leicht und flogen sehr gern über den Zaun des Hühnergeheges. Selbst das Beschneiden der Flügel brachte nicht viel, das Interesse an den nachbarlichen Gärten war bei ihnen sehr ausgeprägt, uns brachte es nur Ärger. Die New Hemshire hingegen waren eine neue amerikanische Züchtung, es waren schwere Fleischhühner, sie legten sehr gut und zwar braune Eier, was für uns damals neu war. Mein Vater kaufte einen elektrischen Brutapparat und bald hatten wir die ersten Küken. Die Eier der fleißigsten Hühner wurden zur Brut vorgesehen. Um dies kontrollieren zu können, bekam jedes Huhn an den Flügel eine rote Plastemarke geknipst. Zum Eierlegen gab es als einzige Gelegenheit für die Hühner sogenannte Fallnester. Schlüpfte das Huhn ins Fallnest, schloss sich ein Fallgitter und nur durch lautes Gegacker konnte das Huhn auf sein frisch gelegtes Ei aufmerksam machen. Bei seiner Befreiung wurde Datum und Nummer des Huhns in ein Buch eingetragen, so dass man die Legeleistung ständig vor Augen hatte. Durch den Verkauf von Eiern, Küken oder geschlachteten Hühnern hatten meine Eltern einige Einnahmen, wenn auch die Ausgaben für Futter u.a. nicht unbeträchtlich waren. Auch der Eigenverbrauch kam nicht zu kurz, in jedem Fall habe ich damals Hühnersuppe, richtige

Hühnersuppe übersät von goldenen Fettaugen, und Brathähnchen, deren Geschmack ich bis heute als unvergleichlich in Erinnerung habe, gegessen.

Das Schlachten der Hühner vollzog mein Vater und ich durfte nie dabei sein, obwohl es mich interessiert hätte. Beim Rupfen der geschlachteten Hühner und beim Ausnehmen war ich aber dabei. Ein einziges Mal, da war ich schon in der 6. oder 7. Klasse, habe ich mit meinem Freund Jürgen ein Huhn vom Leben zum Tod gebracht. Wir waren bei ihm zu Hause, hatten mit seiner Mutter diskutiert und irgendwie kamen wir auf das Thema Hühnerschlachten mit dem Ergebnis, dass sie sagte, wir sollten doch eins schlachten, es aber nicht ernst meinte. Wir beide in den Hühnerstall, griffen uns ein Huhn, legten seinen Kopf auf einen großen Holzklotz, der zum Zerkleinern von Holz diente und hauten mit dem Beil dem Huhn den Kopf ab dass das Blut nur so spritzte. Wir waren von unserem Tun selber völlig entsetzt, dass wir das kopflose Huhn vor Schreck losließen. Das Huhn rannte wie von Sinnen ohne Kopf durch den halben Garten, ehe es umfiel. Jürgens Mutter schlug die Hände über den Kopf zusammen.

Das war die eine Seite mit den Hühnern, die andere liest sich angenehmer. Das Schlüpfen der Küken, das man im Brutapparat beobachten konnte und die kleinen laut schiepsenden, gelben Küken waren immer wieder ein Erlebnis und wenn man die zarten Küken ganz vorsichtig in der Hand hielt, konnte einem schon das Herz aufgehen. Ich konnte mich auch mit den Hühnern unterhalten. Wenn sie sich im Sand eine kleine Kuhle gegraben hatten, ihre Federn plusterten und es sich darin gemütlich machten, gaben sie Laute von sich, die ihr Wohlbefinden signalisierten. Diese Laute konnte ich recht gut imitieren. Sie sahen mich dann mit schräggeneigtem Kopf an und antworteten. Probleme hatte ich bei einigen Hähnen, besonders bei einem, der wegen seiner Angriffslust auch einen Namen, Dobbermann, von uns erhielt. Man musste ihn immer im Auge behalten und nicht den Rücken zuwenden, ansonsten konnte er zum Angriff übergehen.

Die hier von mir geschilderten Dinge über Haustiere mögen heutigen Ohren fremd erscheinen, aber die Einstellung zu Tieren war damals eine ganz andere. Schon die Sprache war anders. Tiere fraßen, nur Menschen aßen, Tiere waren trächtig und nicht schwanger, bei toten Tieren sprach man von Tierkadavern und nicht von Leichen. Tiere wurden zum Nutzen der Menschen gehalten, man brauchte sie zu Arbeitszwecken und zur Ernährung. Vegetarier hätten es damals schwer gehabt, sich auskömmlich zu ernähren.

Meine Tiere

Tiere zum Spielen und Betreuen hatte ich nur in einem Jahr, zwei Meerschweinchen, die ich von Bernd Grzyl geschenkt bekommen hatte. Aber irgendwie kam ich mit denen nicht zurecht, oder sie langweilten mich und beide wurden weitergegeben. Viel Freude und Spaß hatte ich mit unserer Hauskatze namens Minka mit grau-weißer Fellmusterung. Die Katze war dafür da, uns Ungeziefer vom Halse zu halten, lebte eigentlich nur draußen, mit Ausnahme der Winterzeit, wo sie längere Zeiten im Haus war und es sich schnurrend auf meinem Schoß gemütlich machte. In einem Jahr wurden von dem Wurf, den sie in jedem Frühjahr hatte, zwei kleine Katzen am Leben gelassen. Die übrigen wurden ertränkt. Diese kleine Katzenfamilie machte uns ein langes Frühjahr Freude ohnegleichen mit ihren Tapsigkeiten und Spielereien. Eine der kleinen Katzen fand eine neue Heimat in Pankow, die andere, die wir Purzel nannten, blieb bei uns. Mutter Minka und Tochter Purzel waren irgendwann, jede für sich und zu unterschiedlichen Zeiten, verschwunden und das war es denn auch mit den Katzen. Mein Vater war sowieso gegen die Katzen, er hatte Angst um seine Küken, schob aber immer die Singvögel vor, die es vor den Katzen zu schützen gelte.

Mein Interesse an Tieren lag woanders. Irgendwann hatte ich von jemandem in den Sommermonaten ein Guppy-Pärchen bekommen. Guppys sind kleine Zierfische, die ein Warmwasseraquarium als Lebensraum benötigen. Was also tun? Ein sehr großes Gurkenglas musste als Aquarium dienen. Dort wurde Sand eingefüllt und drei Wasserpflanzen, die ich ebenfalls erhalten hatte, eingepflanzt. Und schon hatten meine Guppys ein Zuhause. Gefüttert wurde mit Trockenfutter und manchmal mit in der Stadt erworbenen Wasserflöhen. Eine Belüftung und eine Heizung hatte ich nicht, aber ein Wasserthermometer. Fiel die Temperatur des Wassers zu stark, wurde warmes Wasser nachgefüllt. Archaische Bedingungen für Zierfische. Trotzdem bekamen die Guppys jede Menge Nachwuchs, so dass meine kleine Aquarienwelt umfangreicher wurde. Zudem erhielt ich als Geschenk noch vier bis fünf etwas größere Zierfische, die den Guppys Gesellschaft leisteten. Dies alles im Gurkenglas. Ich konnte stundenlang vor meinem Gurkenglas sitzen und der kleinen Unterwasserwelt zusehen. Im Winter häuften sich allerdings die Probleme, die fehlende Heizung und auch die fehlende Beleuchtung machten sich fühlbar bemerkbar. Die Fische starben, aber vorläufig nicht an diesen schlechten Bedingungen, sondern weil ich zwei in der Laake selbstgefangene Stichlinge in mein Gurkenglas einsetzte. Die beiden trugen eine Krankheit in das Aquarium und alle Fische gingen ein. Das wars mit meinem Aquarium. Bis heute hat sich bei mir aber die Faszination Aquarium erhalten und immer wenn ich irgendwo Gelegenheit finde, bleibe ich vor großen und kleinen Aquarien begeistert stehen. Von unserem Nachbarn Nante Schulz erhielt ich im folgenden Jahr ein richtiges, aber altes Aquarium geschenkt. Er mochte mich wohl irgendwie und schenkte mir im Laufe der Zeit manche Dinge, wozu auch das Aquarium gehörte. Es war etwa 60 cm lang, besaß einen Metallrahmen und einen Zinkblechboden, war leider aber nicht wasserdicht und kam für einen Betrieb im Haus nicht in Betracht. Im Sommer konnte ich es aber im Garten betreiben. In einem Jahr hatte ich mir im Teich am Teichberg einige Kaulquappen gefangen und diese in das Aquarium eingesetzt. Es war schon interessant zu sehen, wie sich aus den Kaulquappen Frösche entwickelten. Später hatte ich aus den Karowern Karpfenteichen zwei kleine Karpfen gefangen und ins Aquarium getan. Leider waren die eines Morgens verschwunden, ich hatte die Katzen in Verdacht, für ihr Verschwinden verantwortlich zu sein. Im nächsten Sommer hielt ich im Aquarium, dass ich zu einem Terrarium umfunktioniert hatte, selbstgefangene Molche. Die hübschen Kammmolche bereiteten mir viel Freude, aber mit Schulbeginn erhielten sie ihre Freiheit zurück. Meine schönste Terrariumbesetzung waren zwei Feuersalamander, die mir meine Schwester aus Thüringen mitbrachte. Auch diese beiden erhielten mit dem Sommerende ihre Freiheit und wurden an der Laake ausgesetzt. Falls sich heute an der Laake eine Feuersalamanderkolonie befindet, ist dies mein Werk. Aber vielleicht hatte ich nur zwei Männchen.

Die wilden Tiere

Man sah in den Karowern Gärten und auf den Feldern sehr wenige wilde Tiere. Selbst im Bucher Wald musste man großes Glück haben ein Reh zu sichten. Igel waren sehr selten, Wildkaninchen dagegen häufiger. Einmal hob unser Nachbar Emil Puls in seinem Garten ein Wildkaninchenbau aus und fand darin mehrere ganz kleine junge Tierchen. Aus der Kriegszeit hatte er in seinem Garten noch eine hüfthohe Kaninchenbox aus Holz, wo vorn die Tür mit engem Maschendraht bespannt war. Dort hinein kamen die Kleinen und wir durften sie alle bewundern. Am nächsten Vormittag kam Emil Puls aufgeregt zu uns, wir sollten die Kaninchenbox ansehen. In der Nacht hatte die Mutter ihre Kleinen aus der Box befreit und in Sicherheit gebracht. Wie sie die Box in Hüfthöhe erreichte und den Maschendraht zerstörte blieb uns ein Rätsel.
Während 1, 2 Jahren hatten wir unter Rattenbefall zu leiden. Das waren damals schwarze Hausratten, die im Gegensatz zu den heutigen Wanderratten, größer waren. Ihre Löcher buddelten sie im Umkreis unseres Schuppens an schwer zugänglichen Stellen. Angezogen hat sie das Futterangebot für die Hühner. Unserer Katze Minka gelang es wenigstens eine von den Viechern zu fangen. Was haben wir nicht alles unternommen, um die Plage loszuwerden. Stundenlang floss aus unseren Gartenschlauch Wasser in ihren Bau, Rattengift wurde ausgelegt – alles half nichts. Da andere Grundstücke ebenfalls betroffen waren schickte der Bezirk Hilfe, die ich leider, leider nicht selbst erlebt habe, da ich in der Schule war. Ein Schädlingsbekämpfer mit zwei Frettchen kam eines Vormittags, setzte seine Tiere an den Bau und von Stunde an hatten wir Ruhe und das Hühnerfutter reichte nun wieder länger.

In den Gärten lebten jede Menge Singvögel, wie Amseln, Drosseln, Stare, Meisen, Rotkehlchen u.a. Die wurden von allen Leuten wegen ihres Gesangs und ihrer Insektenvertilgung gemocht und behütet. In einem Jahr hatte sich ein Rotkehlchen unseren Briefkasten als Nistplatz erkoren. Es erhielt Schutz bis die Jungen flügge waren und die Post wurde in eine alte Tasche eingeworfen. Es war auch streng verboten nach Singvögeln mit Katapulten, die wir Katschies nannten, zu schießen. Diesen Schutz genossen allerdings nicht die zahlreichen Spatzen, die als Schädlinge angesehen wurden.

Interessant war ein Phänomen, dass sich in der erste Hälfte der 1950er Jahre immer ab Herbst den ganzen Winter über bis zum Frühjahr abspielte. Jeden Morgen nach dem Hellwerden kamen aus Buch riesige nach tausenden zählenden Krähen in niedrig fliegenden Schwärmen, die in Richtung Blankenburg flogen und dort die Rieselfelder besuchten. Auf ihrem Flug pausierten immer einige in unserem Garten und inspizierten den Komposthaufen. Einige waren so groß, dass wir Raben vermuteten. Am späten Nachmittag kamen die Schwärme aus Blankenburg zurück und flogen in Richtung Buch, wo sie wahrscheinlich ihre Schlafbäume aufsuchten. Erst sehr viel später habe ich den Hitchcock-Film „Die Vögel" gesehen, unsere Krähenschwärme hätten wunderbar in diesen Film gepasst.

Eine letzte Episode aus der Wildtier-Ecke gibt es zu berichten, die heutige Kinder nicht mehr erleben können. Jedes Jahr im Mai gab es Unmengen an Maikäfern, die wir Kinder fingen und in einen Karton, der mit Luftlöchern versehen war, einsperrten. Im geschlossenen Raum konnte man sie dann freilassen und sich an ihrem Gekrabbel und ihren schwerfälligen Flügen erfreuen. In der Straße 49, Ecke Straße 44 standen große Birken. Dort wurde man beim Einfangen von Maikäfern fündig.

Die Laake – unser Fluss

Damit muss ich zur Laake kommen, dem kleinen Bach, der bei Lindenberg entspringt und in Buchholz in die Panke mündet. Das war sozusagen unser „Fluss", den man mühelos überspringen konnte. Am meisten frequentierten wir die Stelle des Baches, wo der Eisenbahndamm auf einer schon größeren Betonbrücke den Bach überspannte. Dorthin gelangte man, indem man die Straße 49 bis zum Ende ging, schräg das dort befindliche Feld, das bis zum Bahndamm reichte, überquerte und an der Rückseite des Grundstückes von Bauer Rippel die Laake erreichte. Was haben wir nicht alles an der Laake angestellt. Beispielsweise bauten wir einen Damm, der das Wasser aufstaute. Ein anderes Mal bauten wir in einen Damm ein kleines Wasserrad ein. Wir fingen dort Stichlinge und Molche. Einmal sandten wir eine Flaschenpost ab, mit der Hoffnung, dass diese Amerika erreichen würde. Theoretisch waren wir ganz sicher; der Weg Laake, Panke, Spree, Havel, Elbe, Nordsee, Atlantik war uns durch den Erdkundeunterricht bekannt, warum sollte unsere Flaschenpost den Weg nicht schaffen. Leider haben wir aus New York keine Empfangsbestätigung erhalten, bestimmt hat ein Wal unsere Flaschenpost verschluckt. Im Winter diente der Bahndamm neben der kleinen Brücke als Rodelbahn, Züge kamen selten vorbei und dann nur in gemächlichem Tempo.

Da die Laake im Winter meist zugefroren war, ergab sich eine kleine Eisstraße bis in Richtung Lindenberg, die von Schlittschuhläufern gerne genutzt wurde. Leider besaß ich keine Schlittschuhe und behalf mich mit einer anderen Lösung. In zwei hüftlange Stöcke wurden unten zwei Schrauben eingedreht, der Schraubenkopf abgesägt und die Schraube etwas angespitzt und schon konnte ich mich mit diesen Stöcken auf meinem Schlitten sitzend abstoßen und beträchtliche Fahrt aufnehmen. Im Tempo stand ich den Schlittschuhläufern nicht nach.

Gerne hielten wir uns auch an der kleinen Laakebrücke am Malchower Weg auf, die heute noch existiert. Dort gab es die meisten Stichlinge, allerdings auch vermehrt Blutegel, die man nicht an die nackten Füße lassen durfte.

Ein weiterer Laake-Spielplatz war die kleine Laakebrücke am beschrankten Bahnübergang an der Blankenburger Chaussee. Diese Örtlichkeit muss ich näher beschreiben, denn durch den Bau der Sellheimbrücke ist dieser Ort völlig verschwunden. Und an diesem Ort war immer etwas los. Von Blankenburg kommend erreichte die Chaussee auf der linken Seite die Kalkbude, wie wir sagten, und die bis zur Laake reichte. An einer weißgetünchten Brandmauer stand in großen schwarzen Buchstaben die richtige Werkbezeichnung der Kalkbude und gleichzeitig das von ihr aus Karbid hergestellte Produkt HYDROCARBON. Das war ein schwarzes Pulver, das in Papiersäcken ausgeliefert wurde und in der Gummireifenproduktion Verwendung fand. Die Arbeiter im Werk sahen wegen des schwarzen Pulvers, das sich auf ihrer Haut absetzte, aus wie schwarze Männer oder Neger, wie damals und keineswegs abwertend die gebräuchliche Bezeichnung war. In der Schule war die Bezeichnung „Neger" üblich. Verboten war aber die abwertende Bezeichnung „Nigger", die in den USA verbreitet war und dort auch diskriminierend gemeint war. Als Produktionsrückstand fiel bei der Hydrocarbonherstellung grauweißer Karbidkalk als Schlamm an, der mittels einer Rohrleitung auf das gegenüberliegende Karower Laakeufer gepumpt wurde und streng roch. Dieser Karbidkalkschlamm wurde als Baustoff dem Mörtel zugesetzt oder auch als Anstrichmittel verwendet. Da er entweder billig oder kostenlos abgegeben wurde, kamen Baufirmen und Bürger mit Lastwagen, Pferdefuhrwerken und auch kleineren Handwagen und Schubkarren, um sich dort zu bedienen. Normalerweise war der Karbidschlamm spatenfeucht, so dass man ihn abstechen und gut verladen konnte. Mitunter war er aber noch etwas zähflüssig und beim Transport auf der damals noch gepflasterten Chaussee tropfte er aus den Wagen.

Parallel zur Fabrik war die Chaussee auf einen Damm gelegt worden. Eine größere aus Backsteinen gemauerte Brücke ohne Fußgängerweg nahm den Damm auf und überspannte die Laake, die an dieser Stelle ein fast unmerkliches Tal bildete. Im rechten Winkel traf der Bahndamm auf den Chausseedamm, so dass beide auf gleicher Ebene lagen. Und genau dort befand sich die Bahnschranke, noch manuell bedient. Das relativ große Bahnwärterhaus befand sich auf der Westseite der Chaussee. Viele Züge benutzten die Bahnstrecke nicht, aber die anfallenden genügten, um an der Bahnschranke einen Stau der Autos und Pferdefuhrwerke zu verursachen. Besonders prekär wurde die Lage, wenn aus der Stadt auf dem Weg nach Buch ein Krankenwagen mit Ta-tü-ta-ta und wehender Rot-Kreuz-Flagge kam und machtlos vor der geschlossenen Schranke stand. Da war die manuelle Bedienung der Schranke von Vorteil, denn kaum war das letzte Räderpaar der Eisenbahn aus dem Schrankenraum gerollt, öffnete die Schrankenwärterin mit einer Kurbel die Schranken.

Die oben genannte gemauerte Brücke war ohne Fußgängerweg. Die Fußgänger und Radfahrer benutzten einen gesonderten Weg, der vom Schrankenbereich ziemlich steil zur Laake abfiel und diese auf einer kleinen Brücke überquerte. Die kleine Brücke war ein beliebter Treffpunkt der Kinder. Im Winter benutzten wir den steilen Abfall, sehr zum Ärger der Erwachsenen, als Rodelpiste.

Im Jahr 1954 im Frühsommer regnete es wie aus Kannen mehrere Tage lang und die Laake war zu einem reißenden Fluss geworden. Die anliegenden Grundstücke wurden von der Laake überschwemmt. Vor der kleinen Brücke unterhalb der Bahnschranke lagen im wesentlichen nur Wiesen, die durch den Bahndamm begrenzt waren. Auf dieser Wiese hatte sich ein See gebildet und Jungen der benachbarten Straßen hatten sich zu Hause Zinkbadewannen geschnappt und diese als Boote verwendet. Sie durften aber nicht der kleinen Laakebrücke und der großen gemauerten Brücke zu nahekommen, denn dort war die Laake durch die Verengung ein reißendes Wildwasser geworden. Dieses Laakehochwasser war für die einen, durch die Schäden, die es verursachte, ein Gräul, für uns aber ein unvergessliches Erlebnis.

Dieser mehrtägige Starkregen bewirkte gleichsam, dass die Straßenkreuzung der Straßen 49 und 45 unter Wasser stand. Auch die an der Kreuzung liegenden Grundstücke waren betroffen. Da es warmes Sommerwetter war, panschten wir nach Herzenslust in den Fluten. Diese Straßenkreuzung war überhaupt sehr anfällig für Wasserstau. Fast immer in den Wintermonaten blieben Fahrzeuge, die den Konsum, ehemals Rinne am Ende der Straße 49 beliefern mussten, im Morast stecken, ihre Räder drehten durch. Da wir zu jeder Jahreszeit viele Stunden draußen und auf der Straße verbrachten, halfen wir natürlich mit kräftigem Schieben den Fahrern aus ihrer hoffnungslosen Lage. Zur Belohnung haben wir manchmal ganze Packungen von Keksen oder Bonbons erhalten. Wahrscheinlich deshalb warfen wir auf diese Kreuzung immer ein besonderes Auge.

Was wir Kinder sonst so trieben

Im Winter, die damals oftmals noch kalt und schneereich waren, haben wir viel auf der Straße verbracht. Neben dem Rodeln am Bahndamm und dem Eisfahren auf der Laake, war eine Lieblingsbeschäftigung nach frisch gefallenem Schnee mit dem Schlitten Spuren zu markieren, ähnlich wie bei den Schienenanlagen der Eisenbahn, und in diesen Spuren mit dem Schlitten Eisenbahn zu spielen. Kein Auto störte unsere Spuranlagen. Eine andere beliebte Tätigkeit war bei nassem Schnee, Schneeburgen zu bauen. Es fing eigentlich immer mit dem Bau eines Schneemannes an. War der fertig, wurde ein zweiter gebaut und das stellte schon die Basis der Schneeburg dar, in die die Schneemänner eingebaut wurden. Meist fehlte irgendwann die Lust am Weiterbau und eine Schneeballschlacht beendete die Anstrengung. Danach ging es nach Hause an den warmen Ofen, die Sachen konnten trocknen und mit einer Tasse heißen Pfefferminztee und einem Buch wärmte man sich wieder auf.

Ein weiterer Ort den wir immer wieder in Karow aufsuchten war der Teichberg mit 63 m über dem Meeresspiegel die höchste Stelle von Karow. Aber nicht dem Berg, sondern dem kleinen Teich und der dort befindlichen Bunkerruine galt unser Interesse. Im Teich konnte man Stichlinge und Molche fangen und im Winter auf seinem Eis herumtollen. Noch interessanter war die Bunkerruine. Karow besaß im 2. Weltkrieg zwei Bunker, einen am Dorfausgang in Richtung Buch auf der rechten Seite und den am Teichberg. Beide waren nach Kriegsende gesprengt worden und die Trümmer sind erst in den 1960er Jahren beseitigt worden. Teilweise wurden die Trümmer zur Straßenbefestigung verwendet. Zum Dorfbunker kann ich nichts sagen, den habe ich nur im Vorüberfahren gesehen. Der Teichbergbunker diente den Leuten als Deponie für Sperrmüll, eine Müllabfuhr gab es damals in dieser Gegend von Karow nicht. Was haben wir nicht alles dort gefunden. Spitzenstück war ein kompletter und gut erhaltener Säbel mit Scheide aus der Kaiserzeit, den Siegfried Bathke dort fand, und wie ich bei den Recherchen zu diesem Buch erst erfahren habe, in Westberlin für gutes Geld verkaufte. Ich selber fand dort einen französischen Soldatenhelm aus dem 1. Weltkrieg, ein belgisches Gewehr allerdings ohne Kolben, eine intakte Porzellanfigur und manch andere Kleinigkeiten, die für Kinder von Interesse waren. Ich habe versucht für das Gewehr einen Kolben zu basteln, aber dazu reichte mein handwerkliches Geschick nicht aus. Außerdem musste man mit dem Ding immer heimlich hantieren, denn der Besitz von Waffen war streng verboten und mein Vater hätte das Ding sofort konfisziert. Ich habe das Stück dann vertauschen können.

In diesen Zusammenhang ist zu erwähnen, dass mir auch Nante Schulz Ende der 1950er Jahre ein nagelneues Seitengewehr aus der Zeit des 1. Weltkrieges und einen Trommelrevolver heimlich schenkte. Der Trommelrevolver kam zu spät, meine Indianer- und Cowboyzeit, die ich weiter unten beschreibe, war vorbei. Aber der Trommelrevolver faszinierte mich auch damals noch, er stammte aus den 1920er Jahren. Mein Vater fand beide Waffen und schlug die Hände über den Kopf zusammen, konfiszierte sie und warf beide in einen frisch gegossenen Betonfußboden unseres neuen Schuppens. Er hatte ja recht, Waffenbesitz war streng verboten. Da er gleich anschließend an seine Aktion einen Termin hatte, holte ich aus dem Betonbett den Revolver wieder raus, säuberte ihn, versteckte ihn besser und strich den Beton glatt. Später, ich hielt nun von Waffen und Militär gar nichts mehr, vertauschte ich den Revolver an einen Waffensammler, der wohl eine Lizenz besaß. Das Seitengewehr wird heute noch im Beton liegen.

Spielsachen

Zu den Spielsachen, die ein Kind für seine Entwicklung und zu seiner Freude unbedingt braucht. Generell ist zu sagen, dass zwischen Wünschen und deren Erfüllung oder Nichterfüllung immer ein Spannungsbogen besteht. Fehlt dieser, fällt es später schwer auf ein Ziel hin zu arbeiten und zu leben. Wünsche bedeuten Antrieb.
Ich komme aus einem Arbeiterhaushalt in dem mit der Mark gerechnet wurde, so wie bei den meisten damals. Zudem lag die Kriegszeit erst wenige Jahre zurück und es gab andere notwendige Ausgaben. Trotzdem habe ich natürlich zum Geburtstag und zu Weihnachten Spielzeug geschenkt bekommen, aber überhaupt nicht vergleichbar, wenn ich mir die überbordende Ausstattung heutiger Kinderzimmer ansehe. Trotzdem – ich habe nie etwas richtig vermisst. Eine elektrische Eisenbahn hätte ich ganz gerne besessen, doch es musste eine Aufzieheisenbahn reichen. Dazu kam, dass ich kein eigenes Zimmer hatte und meine Spielsachen jedes Mal vor dem Spielen aus einer Kiste holen und, was wesentlich schwerer fiel, nach Benutzung dort wieder deponieren musste. Für meine Bücher hatte ich im Wohnzimmer-Büfett ein Fach okkupiert, was meine Eltern auch in Ordnung fanden. Im Haushalt meiner Eltern gab es nur sehr wenige Bücher, vielleicht 5 oder 6 Stück. Für mich alle uninteressant. Als mein Spielzeug wäre zu nennen Gummibälle verschiedener Größe, Blechautos zum Aufziehen, ein Pferdewagen mit zwei Pferden, die man ausspannen konnte, Kasperpuppen, Holzbauklötze, Brett- und Kartenspiele,

einen Roller, allerdings nur aus Holz und diverse Kleinigkeiten, die nicht lange hielten und die man von Verwandten oder Bekannten geschenkt bekam.

Man bastelte sich also selbst einfache Spielsachen, z.B. schnitt man aus Pappbögen Flugzeugteile aus, klebte die zusammen und erhielt ein Modellflugzeug. Man tauschte kleine Spielsachen und wertete Dinge, die man fand, zu interessanten Teilen auf. Einmal fand ich an der Chaussee ein Auto-Luftdruckmesser, kannte einen solchen aber nicht und behauptete, das Stück stammte aus einem alliierten Flugzeug. Nach ein paar Tagen konnte ich das Teil vertauschen.

Auch ganz einfache Dinge machten Freude. In der Gustav-Adolf-Straße in der Nähe der Spitze gab es ein Geschäft für Haushaltsartikel, Eisen-, Porzellan- und Glaswaren und anderes mehr. Dort konnte man für wenige Groschen gläserne mundgeblasene und hohle Flaschenteufel in bunten Farben kaufen. Diese kleinen Teufel, vielleicht 3 bis 4 cm groß, tat man in eine durchsichtige mit Wasser gefüllte große Flasche, wo sie oben schwammen. Verschlossen wurde die Flasche mit einer Gummikappe. Drückte man nun auf die Kappe fingen die Flaschenteufel an im Wasser zu tanzen. Das sah sehr hübsch aus, zumal wenn man mehrere Teufel in der Flasche hatte.

Es machte auch Spaß mit den Spielzeugen anderer Kinder zu spielen, was natürlich auf Gegenseitigkeit beruhte. Freund Peter besaß über 20 kleine Modellautos der Firma Wicking in allen Farben. An Regentagen waren die unser Lieblingsspielzeug. Freund Jürgen war am besten mit Spielzeug ausgestattet. Er hatte mehrere Stabilbaukästen, mit denen man herrlich bauen und montieren konnte. In der Werkstatt seines Opas, die nach dessen Tod verwaist war, konnten wir nach Herzenslust bauen und experimentieren. Einmal hatten wir in der Küche von Thuracks Blei gegossen. Ich hatte eine recht alte Kugelgießzange am Teichbergbunker gefunden und nun wollten wir damit Kugeln gießen. Wir Gussexperten hatten aber die Zange vorher nass gemacht und das flüssige Blei schoss aus der Zange an die Küchendecke. Mehr passiert glücklicherweise nicht, aber das Donnerwetter von Jürgens Mutter war nicht ohne.

Jürgens Schwester Gisela war ein Jahr älter als wir und hatte u.a. eine wunderschöne Puppenstube. Wir machten Gisela nun etliche Angebote ihre Puppenstube zu elektrifizieren und per Batterie Licht in deren Zimmer zu bringen, worauf sie sich aber nicht einließ. Dabei hätte sie unsere Beleuchtungsanlage für das Kasperletheater vor Augen haben müssen, die wir ganz gut hinbekommen hatten. Die schönste Beleuchtung bot die Hölle, in glutroter Beleuchtung konnten der Teufel und seine Opfer agieren.

Größte Leidenschaft von mir waren die Indianer. Meine Indianer- und Cowboy-Figuren stammten aus der Brandenburger Firma Lineol, sie waren hervorragend ausgearbeitet. Man musste aber vorsichtig mit ihnen umgehen, denn die Lineolmasse war zerbrechlich. Aber nicht nur mit den Indianerfiguren spielen, sondern selbst in die Rolle eines Indianers schlüpfen war wichtig. Dazu nähte mir meine Mutter ein Indianerkostüm, eine Indianerhaube bastelte ich mir selbst, sowie auch die erforderlichen Gerätschaften eines Indianerkriegers, wie Tomahawk, Messer, Bogen mit Pfeilen und einer Friedenspfeife. Die bestand aus ausgehöhltem Holunderholz als Rohr und einem geschnitzten Pfeifenkopf aus Kiefernholz. Mit meinem Freund Jürgen wurde die Pfeife eingeweiht. Mein Vater hatte in den 1940er Jahren etwas Tabak im Garten angebaut und ein Rest davon befand sich in einer Blechschachtel im Keller und war dort vergessen worden. Mit diesem Tabak stopften wir die Pfeife und wollten Friedenspfeife rauchen. Das funktionierte aber mehr schlecht als recht und erst nach vielen Anzündungsversuchen konnten wir einen ersten Zug nehmen. Es war fürchterlich, ich spuckte und keuchte und rieb mir die Augen. Das wars dann überhaupt in meinem Leben mit dem Rauchen, ich habe nie eine Zigarette angerührt oder anderen Rauch brennender Substanzen inhaliert.

Alternativ zum Indianerkostüm hatte ich mir auch ein Cowboy-Kostüm zugelegt. Eine Hose und eine Weste hatte ich, ein kleines Halstuch war schnell geschneidert, nur den Hut musste ich meinem Vater mit dem Hinweis, dass er ihm nicht steht, abschwatzen. Wir Kinder spielten mit verteilten Rollen, einmal als Indianer, einmal als Cowboy. Die Indianer waren immer die beliebteren.

Als Cowboy fehlte mir ein wichtiges Requisit, eine Pistole. In Westberlin gab es bereits neben anderem Kriegsspielzeug die mich interessierenden Knallplätzchenpistolen aus Blech und entsprechende Gürtel und Halfter dazu – für mich unerreichbar. Dazu kam, dass meine Eltern alles Kriegsspielzeug verabscheuten. Im Osten stieß man vorläufig in das gleiche Horn wie meine Eltern – kein Kriegsspielzeug. Erst nach Gründung der NVA änderte sich die Lage in der DDR und sowohl Soldatenfiguren als auch Waffenattrappen kamen in die Schaufenster der Spielwarengeschäfte. Ich baute mir also selbst eine Pistole, hatte dafür aber kein Geschick. Was halfs, ein Cowboy braucht eine, auch wenn sie wie eine Krücke aussah, wie mein Freund Peter bemerkte.

Zum Indianerspielen gehörten auch Zelte oder Höhlen bauen. Dies taten wir ausgiebig mit den abenteuerlichsten Gerätschaften. Ein Wunder, dass unsere Zelte aus Decken und Stangen überhaupt stehen blieben und nicht umfielen. Immerhin bekundeten die Mädchen, die mit unseren Indianerspielen wenig anfangen konnten und uns gelegentlich einen Vogel zeigten, Interesse an unseren Bauten, aber Squaws hatten in unseren Kriegsbauten nichts zu suchen. Howgh!

Was wir so gelesen haben

Von den Indianern komme ich zu den Büchern. Schon nach wenigen Monaten in der ersten Klasse konnte ich lesen. Bücher wurden meine Leidenschaft, sie erschlossen mir völlig unbekannte Welten und nahmen mich mit in ein Leben voller Vielfalt und Überraschungen. Auch Theater und Film leisten dies, aber beim Lesen entstehen in meinem Gehirn eigene Bilder, die kein Regisseur beeinflusst hat. Musik leistet das ebenfalls, aber auf eine völlig andere Art, mehr die Gefühle und Träume ansprechend.

Meine Leselust bediente zunächst meine Schwester Eva, die Anfang der 1950er Jahre in einer Buchhandlung als Buchhalterin arbeitete. Neue Bücher durfte ich mit Erlaubnis der Buchhandlung lesen, bei pfleglicher Behandlung versteht sich, und dann zurückgeben. Ich war ein schneller Leser, manches Buch habe ich an einem Regentag ausgelesen und sorgsam bin ich bis heute mit allen Büchern umgegangen. Bücher hatten für mich fast eine Heiligkeit und noch heute bringe ich es nicht übers Herz ein Buch in die Papiertonne zu werfen. Viele Bücher wurden untereinander ausgeliehen, besonders ergiebig war das mit Freund Jürgen, der ebenfalls viel für Bücher übrig hatte und auch viele selbst besaß.

In der DDR wurden hervorragende Kinderbücher verlegt, von denen ich manche gelesen habe, aber kaum noch einen Titel weiß. Zu nennen wäre hier aber von W. Tschaplina, Vierbeinige Freunde. Ein Buch mit Geschichten über die Handaufzucht von kleinen Tierwaisen im Moskauer Zoo mit der Hauptgeschichte des Löwenbabys Kinuli. Dieses wunderbare Buch habe ich viele Male gelesen und besitze es heute noch. Natürlich gehörten die bekannten Märchenbücher der Gebrüder Grimm, die Märchen von Wilhelm Hauff und auch die Geschichten aus 1001 Nacht dazu. Den letztgenannten Titel besaß meine Schwester in einer abgespeckten Ausgabe aus der Zwischenkriegszeit, wo ich mir, als ich noch nicht Lesen konnte, immer die wenigen bunten Bilder ansah. Von irgendwoher erhielt ich die Märchen aus 1001 Nacht in einer alten Ausgabe in Frakturschrift, die ich mir mit diesem Buch beim Lesen aneignete. Da ich auch später viele alte Bücher las, war das mühelose Lesen der Frakturschrift ein dauerhafter Gewinn.

Schon ab dem 3. Schuljahr fesselten mich Abenteuer- und Indianerbücher. Einige Titel möchte ich nennen. Da wären Daniel Defoe, Robinson Crusoe, Robert L. Stevenson, Die Schatzinsel, W. A. Obrutschew, Plutonien und auch Das Sannikowland, die Titel von Jules Verne, später dann Alexandre Dumas und viele, viele andere. Bei den Indianerbüchern standen die Lederstrumpfbände ganz vorn und natürlich die von Karl May. An die Karl May-Bände war schwer heranzukommen, sie wurden im Gegensatz zu den Lederstrumpfbänden erst sehr spät in der DDR verlegt. Da war meine Indianerzeit lange vorbei. Der Erwerb der Westausgaben stand nie zur Diskussion. Bei einem Umtauschkurs von 5 oder 6 Ostmark gegen 1 Westmark war ein Erwerb in Westberlin für mich undenkbar.

Man tauschte also alte Vorkriegsausgaben untereinander zum Lesen. In der DDR wurden aber neu geschriebene Indianerbücher, wie „Blauvogel" oder „Die Söhne der großen Bärin" verlegt, die recht gut waren und einen anderen, realistischen Blick auf die Indianerwelt gewährten. Zwischenzeitlich hatte ich die Bücher von Ernie Hearting, Sitting Bull und von Patty Frank, Die Indianerschlacht am Little Big Horn gelesen, die mir Einblick in die doppelzüngige Indianerpolitik der USA gaben. Einen völlig neuen Ansatz, sich mit der vorkolumbianischen Urbevölkerung Amerikas zu beschäftigen, bot mir später die Leipziger Professorin Eva Lips mit ihrem „Das Indianerbuch", wo sie die Indianerkulturen des gesamten Doppelkontinents beschrieb. Und, um in meinem Leben weit vorzugreifen, habe ich mir mit meiner Frau die Stätten der Hochkulturen in Mexiko, in Yukatan und Peru selbst angesehen. Wer über Indianer schreibt, sollte einmal in Machu Picchu gewesen sein oder in den Maya-Ruinen von Uxmal oder Chichen-Itza gestanden haben.

Aber nicht nur diese Literatur las ich, sondern auch mit viel Vergnügen die Micky Maus-Hefte, Tarzan, Tom Brack, Tom Mix, Sigurd und was es nicht noch alles gab. Alle diese Comics hatte ich nur leihweise von Kindern der Umgebung für wenige Tage zur Verfügung. In etwa der 7. Klasse erlosch mein Interesse für diesen Lesestoff.

Bei uns zu Hause wurde die BZ am Abend täglich, die Wochenpost und die Neue Berliner Illustrierte wöchentlich gelesen. Am besten war die Wochenpost, die ich bis zur Wende mit Vergnügen und Gewinn gelesen habe. Unsere Nachbarn, die Familie Puls, brachten aus Westberlin den Kurier, manchmal die Illustrierten Stern oder Quick mit, so dass wir immer genügend Lesestoff aktueller Art aus einem anderen Blickwinkel zur Verfügung hatten.

Rundfunkgewohnheiten und Kinobesuche

An diese Stelle passen gut die Erinnerungen an meine Rundfunkgewohnheiten zu dieser Zeit. Meine Eltern hatten sich einen Radioapparat etwa Anfang bis Mitte der 1950er Jahre gekauft, so einen mit UKW und einem grünen Magischen Auge und ausgestattet mit einem hervorragenden Klang. Einen Fernsehapparat besaßen sie erst Mitte der 1960er Jahre und ich selbst habe erst seit 1968 regelmäßig Ferngesehen. Aber den Radioapparat liebte ich. Wir hörten fast nur Westsender, den RIAS und dann den SFB. Im RIAS war meine Lieblingssendung am Sonntagvormittag die Kindersendung mit Onkel Tobias. Alle paar Wochen gab es Kasperletheater in dieser Sendereihe. Wenn der Teufel auftrat, tat er dies mit einem schauerlichen Gedonner. Eines Tages spielte ich mit einem größeren Kuchenblech und bewegte es ziemlich heftig. Dabei entstand genau dieser

Teufels-Donner, wie im Radio. Aha – und wieder war ich ein bisschen schlauer. Etwas später gefielen mir im SFB die Schulfunksendungen am Nachmittag sehr gut, sie waren interessant gestaltet und sehr lehrreich. Sendungen wie die des Kabarett-Ensembles Insulaner verpasste man nie und hatte ein paar Tage etwas zu lachen. Nachrichten, Kommentare und die Übertragungen der Auslandskorrespondenten fesselten mich ab der 6. / 7. Klasse zunehmend. So ab 1957 gewann die Schlagermusik mein Hauptinteresse. Fred Ignor vom RIAS mit seinen Schlagern der Woche am Montag und in Wiederholung am Freitag war immer ein Muss. Die deutschen Schlagertexte von meinen Lieblingstiteln schrieb ich mit und konnte sie bei der Wiederholungssendung vervollständigen. Damals begann ich mich nämlich für das Gitarrenspiel zu interessieren, wozu ich die Schlagertexte brauchte. Es gab in dieser Zeit wunderschöne Schlager, die man heute nicht mehr im Radio hören kann, ich nenne mal den Titel vom Kingston Trio „El Matador". Richtig enthusiastisch war ich bei den Rock n`Roll –Titeln von Bill Haley, Elvis Presley, Ronnie Self, aber auch Paul Anka und anderen Amerikanern, die man vorrangig im AFN (ein amerikanischer Soldatensender) in der Sendung Frolic at five zu hören bekam.

Kommen wir zu den Kinogewohnheiten, die in den 1950er Jahren einen ganz anderen Stellenwert wie heute besaßen. Vom kurzzeitigen Karower Kino habe ich schon berichtet, weit wichtiger war das Blankenburger Kino und die Hubertuslichtspiele in Buch. Vom Blankenburger Kino gegenüber der Kirche ist heute nichts mehr erhalten, eine große Leere ist nach dem Abriss der Gebäudegruppe auf dem Eckgrundstück entstanden. Ursprünglich lag an dieser Stelle eine große Gaststätte, die auf einer Ansichtskarte aus dem Jahr 1899 den Namen Kaiser Wilhelm führte. Der Saal der Gaststätte lag in der Krugstege und wurde in der Zwischenkriegszeit zu einem richtigen Kino umgebaut, im Gegensatz zu Karow, wo nur ein Provisorium geschaffen wurde. Vorn, die eigentliche Gaststätte, wurde, wann weiß ich nicht, zu einem Lebensmittelgeschäft verändert. In den 1950er Jahren betrieb diesen die HO. Das Kino jedenfalls war ein sehr angenehmes, ja gemütliches Kino und hatte starken Zulauf. Erinnerlich ist mir, als z.B. der Film „Das doppelte Lottchen" gezeigt wurde und den ich mit meiner Mutter sah, man große Mühe hatte überhaupt Karten zu bekommen. So ab 1952 besuchte ich die Kindervorstellungen am Sonntagnachmittag mit meinen Freunden oder auch allein. Ausgestattet mit 25 Pfennigen für die Kinokarte und 30 Pfennigen für Hin- und Rückfahrt mit dem 42er Bus ging es nach Blankenburg. Die 30 Pfennige Busgeld wurden meist eingespart, laufen war angesagt und mit den 30 Pfennigen konnte man Besseres anfangen. Die Vorstellungen liefen immer nach einem Schema ab: Augenzeuge (=Wochenschau), Vorfilm und Hauptfilm. Der Augenzeuge interessierte mich immer ungemein, denn dort sah man Bilder von

Vorgängen aus aller Welt, von denen man in den Rundfunknachrichten schon gehört hatte. Die Vorfilme waren meist farbige Zeichentrickfilme aus sowjetischer Produktion, die nicht schlecht gemacht waren aber eben völlig anders als die Micky Maus- oder Fix und Foxi-Hefte aus dem Westen. An die Hauptfilme kann ich mich kaum erinnern, es waren zu viele, die ich gesehen hatte. Doch ein Film, wieder ein sowjetischer Märchenfilm, hat mich sehr beeindruckt. Dieser Schwarz-weiß-Film hieß „Das Zauberkorn". Nach den Märchenfilmen waren die französischen Abenteuerfilme mit Jean Marais in den Hauptrollen angesagt, er war mein erster Filmstar für den ich schwärmte. In den späteren Jahren ab 6. / 7. Klasse versuchten wir in die 18 Uhr-Vorstellung für Erwachsene zu kommen und taten so, als ob wir schon 14 Jahre alt wären. Das klappte eigentlich immer.

Ins Bucher Kino, in die Hubertuslichtspiele, ging ich viel seltener. Auch dieser Kinosaal war aus einem Gaststättensaal hervorgegangen und der markante Eingangsbereich des Kinos ist äußerlich noch heute erhalten, der Saal hingegen nicht mehr. Das ehemalige Kino sowie die eigentliche Gaststätte bilden heute das Ensemble des Jugendclubs „Der Alte". Das Bucher Kino hatte einen Nachteil und einen gewichtigen Vorteil. Der Nachteil bestand darin, dass ein Weg zu Fuß von Karow-Süd einfach zu weit war und man das Fahrgeld als solches auch einsetzen musste. Der Vorteil bestand darin, dass sich vor dem Kino ein kleiner Kiosk befand, der in der warmen Jahreszeit ständig Eis verkaufte. Die kleine Waffel zu 15, die große zu 30 und die Waffelschale mit Eiskugeln zu 50 Pfennigen. Man musste das Eis vor der Kinovorstellung verzehren, im Kino durften keine Lebensmittel und Getränke konsumiert werden, vielleicht ohne Rascheln zu verursachen ein Stück Schokolade. Man sollte in den oftmals vollen Vorstellungen seine Nachbarn nicht stören.

Seltener besuchte ich in dann schon späteren Jahren die Kinos Rio in der Prenzlauer Promenade, das Toni am Antonplatz, das Colosseum in der Schönhauser Allee, ein Stückchen weiter das Mila, in der Kastanienalle im Pratersaal das DEFA-Kastanienallee. Das Kino Delphi an der Weissenseer Spitze gleich am Anfang der Gustav-Adolf-Straße habe ich bei einem Kinobesuch mit meinen Eltern Anfang der 1950er Jahre auch noch kennengelernt.

Ende der 1950er Jahre, ich besuchte schon die Mittelschule in Buch, kamen die Kinos am Gesundbrunnen dazu. Gleich vorn am Bahnhof war das Corso, das immer gut besucht war. Bei guten Filmen, die von einer staatlichen Stelle in Westberlin das Prädikat wertvoll oder besonders wertvoll erhalten hatten, erhielt man die Kinokarten zum Kurs 1 zu 1. Das brachte natürlich viel Publikum aus dem Osten in die Kinos. In der Badstraße gab es eine ganze Reihe von Kinos. Erinnerlich ist mir das Neue Alhambra und das Humboldt. In letzterem spielte man vorwiegend Filme, wo man die Karten nicht 1 zu 1 bekam, also Western, Krimis usw. Zusammen mit den Geschäften und Ständen, Banken und

Wechselstuben bot die Badstraße vom Bahnhof Gesundbrunnen an ein Bild überbordendes Leben, wo sich die Menschen drängten. Die meisten kamen aus Ostberlin und alle Geschäfte lebten mehr oder weniger von ihnen und nahmen problemlos Ostgeld zum aktuellen Kurs in Zahlung. Nach der Wende führte mich einer meiner ersten Wege zur Badstraße – die Leere und Öde der Straße ließ mich erschauern. Und auch mein Kino Corso war spurlos verschwunden.

Unsere Mobilität in jenen Jahren

Über die Verkehrsverbindungen mit dem Bus 42 von der Spitze nach Buch und von der S-Bahnstrecke nach Bernau habe ich schon berichtet. Ab Spitze ging es mit den Straßenbahnlinien 3, 71 und 72 entweder in Richtung Weissensee/Lichtenberg oder Alexanderplatz. Oftmals aber nur bis zum S-Bahnhof Prenzlauer Allee mit Umsteigen zur Ringbahn. Diese Option wurde von vielen genutzt, denen der Weg zu den S-Bahnhöfen auf der Bernauer Strecke zu weit war. Die BVG-Fahrpreise waren folgende: Schüler 15 Pfennige, darin enthalten war die Umsteigefunktion zu einer anderen Linie; Erwachsene 20 Pfennige, mit Umsteigefunktion 30 Pfennige. Die S-Bahn nahm für die Preisstufe 1, also Ring und alle Strecken im Ring, sowie zu näher am Ring liegenden Bahnhöfen 20 Pfennige. Preisstufe 2, z.B. aus der Stadt nach Buch, kostete 30 Pfennige. Bei Fahrkarten nach Westberlin konnte man gleich die Rückfahrt mit einer Karte in DM-Ost kaufen. Die Währungen in beiden Stadthälften nannten sich Deutsche Mark, umgangssprachlich wurde nur von Ost- bzw. Westmark gesprochen. Die allermeisten Menschen hatten Monats- oder Wochenkarten, wo es noch einmal billiger war. Die Mobilität der Menschen hinsichtlich der Fahrpreise war fast unbeschränkt, niemand überlegte, ob er sich eine Fahrt „leisten" konnte.

Zur Mobilität gehört natürlich auch das eigene Fahrzeug. Der Besitz eines Autos war damals die absolute Ausnahme, Motorräder sah man schon häufiger und die ersten Mopeds tauchten bald auf. Verbreitetes Fahrmittel war das Fahrrad, oftmals noch aus der Vorkriegszeit, soweit sie die Requirierungen durch die Sowjetarmee überstanden hatten. Fahrräder und Uhren standen bei denen hoch im Kurs. Bei meinen Eltern hatten beide Fahrräder überlebt.

Als Kind hatte man irgendwann einen Roller, meiner war leider nur aus Holz mit Vollgummireifen, der nicht lange hielt. Freund Jürgen hatte einen Selbstfahrer geschenkt bekommen, den sein Vater selbst gebaut hatte. Da man heute solch ein Gefährt nicht mehr als Kindervergnügen sieht, hier eine kurze Beschreibung. Das Gefährt besitzt zwei Achsen mit vier Rädern. Die hintere Achse ist starr, die vordere beweglich und wird mit den Füßen zur Lenkung benutzt. Angetrieben wird es mit einem mittig angebrachten Hebel, der mit den Händen vor und zurück bewegt wird und seine Kraft mit einer Stange und Welle auf die

Hinterachse überträgt. Der Fahrer sitzt auf einer knappen kleinen Holzpritsche. Mit dem Selbstfahrer konnte man eine beträchtliche Geschwindigkeit erreichen und mit meinem Holzroller war ich chancenlos.

In der vierten Klasse habe ich Fahrradfahren gelernt und zwar auf dem Fahrrad meiner Mutter, das etwa kleiner war und vor allem keine Querstange hatte. Bis dahin war ich auf dem Fahrrad meines Vaters als Sozius mitgefahren, z.B. wenn wir im Sommer zum Gorinsee baden fuhren. Da ich innerhalb kurzer Zeit sicher fahren konnte, wollte ich unbedingt ein eigenes Fahrrad besitzen. Diese Gelegenheit bot sich im nächsten Sommer bei einem Vereinsfreund meines Vaters, der ein Fahrrad verkaufen wollte. 75 Mark sollte es kosten und ich nahm mein Erspartes mit einem kleinen Zuschuss meiner Eltern und schlug zu. Mein neues Fahrrad war natürlich auch ein altes aus der Vorkriegszeit. Es hatte einen 28er Rahmen und dazu nur 26er Räder. Die Reifen waren besonders dick, man sagte dazu Vollballon. Solche Reifen sah man sehr selten, sie waren völlig unüblich und manch einer tippte sich nur an die Stirn. Aber was sollte es – ich hatte ein eigenes Fahrrad und musste nicht mehr mit dem meiner Mutter fahren. Das Fahrrad besaß keine Bremse, außer dem eingebauten Rücktritt und auch keine Fahrradlampe mit Dynamo. Die Farbe, selbst die Lenkstange, war schwarz. Das einzige bemerkenswerte war eine Sturmklingel, die ähnlich wie ein Dynamo über den Reifen in Betrieb gesetzt wurde. Aber es fuhr und auch relativ leicht. Auf einmal erschlossen sich völlig neue Welten für mich. Gegenden und Straßen in Karow, die ich vorher nie gesehen hatte, tauchten in meinem Gesichtskreis auf. Ärger gab es nur wegen der Sturmklingel, die einen höllischen Lärm machte und die ich auch ausgiebig betätigte, bis sich Nachbarn beschwerten. Ab der 7. Klasse begann ich mein Fahrrad von einem hässlichen Entlein zu einem Schwan aufzuhübschen. Das Fahrradbild in Karow bestimmten immer mehr die neuen Mifa- und Diamant-Fahrräder, da kam man sich mit seinem schwarzen Gefährt großer Rahmen, kleine Räder, lächerlich vor. Zumal mein Schwager Siegfried ein tolles neues Fahrrad besaß, mit Leichtmetallfelgen, Felgenbremsen, Gangschaltung und chromglitzerndem Lenker, Lampe usw. Als erstes ließ ich in der Firma Woitschach an der Blankenburger Chaussee, Ecke Straße 43 meinen schwarzen Rahmen in einer leuchtenden blauen Farbe spritzen, ein neuer Chromlenker und vieles andere kamen dazu. Lediglich die Leichtmetallfelgen waren ein Problem. Woitschach hatte lange schon keine im Angebot gehabt. Dies war eine der immer wieder auftretenden Versorgungslücken, wo man die DDR verfluchte. Nach langen Bemühungen bekam ich welche in einem Fahrradgeschäft in der Stadt. Glücklich fuhr ich nach ihrem Kauf nach Hause. Ein Kauf in Westberlin verbot sich natürlich wegen des Umtauschkurses, viele bezeichneten ihn als Schwindelkurs.

Mit meinem nun wie neu aussehendem Fahrrad habe ich viele Fahrten unternommen. Unter anderem bin ich im Sommer täglich mit ihm nach Buch zur

Mittelschule gefahren. Auch für die Fahrt zum Gorinsee war ich jetzt unabhängig. Der Gorinsee war sozusagen die Badewanne für die nördlichen Ortsteile von Pankow, es gab nichts anderes zum Baden und Schwimmen. Die Masse der Besucher kamen mit dem Rad, sehr, sehr wenige mit einem Auto. Motorräder sah man öfters. Ein Campingplatz war noch nicht eingerichtet, so dass sich die Menschen im Vorfeld des Sees gut verteilen konnten. Von Karow bis zum Gorinsee war es ein beträchtliches Stückchen Weg. Kam man von der Wiltbergstraße an die Berliner Stadtgrenze in der Hobrechtsfelder Chaussee mitten im Wald, musste man einen Kontrollpunkt der Sowjetarmee passieren. Kinder und Jugendliche wurden durchgewinkt, Erwachsene mussten ihren Personalausweis vorzeigen. Für Westberliner war an der Stadtgrenze Schluss, sie durften nicht nach Brandenburg. Die Stadtgrenze erkennt man noch heute recht gut am Ende des alten Bucher Hochwaldes. War der Kontrollpunkt passiert, stellte sich die Frage, Wüste oder Holperstraße, so nannten wir die beiden Möglichkeiten des Weges zum Gorinsee. Wüste bedeutete die kürzere Strecke quer durch die Rieselfelder. Der Geruch war nicht das Problem, sondern die im Sommer knöcheltiefen losen Sandwege. Dort mit einem Fahrrad durchzukommen, war schon eine Kunst. Die andere Alternative, länger im Weg, war die Holperstraße über Hobrechtsfelde. Der sowjetische Kontrollpunkt war immer hübsch gestaltet, denn viel Verkehr herrschte nicht auf dieser Straße und die Soldaten hatten Langeweile. Sie gestalteten auf einem kleinen ebenen Areal Bilder aus Kies, schwarzer Erde, Steinen, Kienäppeln, Zweigen, Moosen und was weiß ich nicht noch alles, bunte Bilder mehr aber nicht ausschließlich, propagandistischer Art und sogar mit Schrift. Dieser Kontrollpunkt wurde als einer der ersten schon in den 1960er Jahren aufgegeben. Die an den größeren Straßen gelegenen Kontrollpunkte, wurden zunächst von der Grenzpolizei der DDR übernommen und Anfang der 1970er Jahre völlig aufgelöst.

Die sommerlichen Ausflüge in unserer Familie beschränkten sich im Wesentlichen auf eine Dampferfahrt im Jahr, die damals noch im Berliner Zentrum an der Jannowitzbrücke startete und die immer mit Baden an den dabei besuchten Seen verbunden waren. Zwei bis dreimal in der Saison ging es mit dem Fahrrad zum Gorinsee. Eine Decke, ein Ball und vor allem der Kartoffelsalat gehörten zur Ausstattung. Getrunken wurde kalter Muckefuck aus durchsichtigen Seltersflaschen mit dem obligatorischen Bügelverschluss. Der Gorinsee, als fast einziger See im landschaftlich kargen Norden Berlins und nahe der nördlichen Stadtgrenze Berlins, war damals schon viel genutzt. Von einer Übernutzung des kleinen Sees, wie heute, konnte aber damals keine Rede sein. Die Siedlung am See war noch unbedeutend, einen Campingplatz gab es nicht und insgesamt waren die Leute rücksichtsvoller. Dennoch war nicht alles

Sonnenschein. Mein Vater erzählte, dass er in den 1940er Jahren gesehen hatte, wie die Sowjettruppen mit Panzern in den See fuhren, um sie dort zu reinigen.

Noch einmal zurück zu den Fahrzeugen. Motorräder waren in den 1950er Jahren der Traum vieler Jugendlicher, die das 18. Lebensjahr vollendet hatten, eine Fahrerlaubnis ablegen konnten und die ihr erstes eigenes Geld verdienten. Ganz oben im Kurs standen die Jawa-Motorräder aus der Tschechoslowakei und zwar die, die eine dunkelrote Lackierung aufwiesen. Ich sehe noch heute die Motorradgruppen der Jugendlichen am Bahnhof Buch mit ihren Maschinen, bekleidet mit angestrickter, schwarzer Lederjacke und Niethosen, wie die Jeans damals hießen. Helme wurden von ihnen nicht getragen, eine Helmpflicht gab es noch nicht.

Lasten wurden in unserer Familie mit zwei Handwagen transportiert. Ein kleiner Pritschenwagen mit vier Eisenrädern diente für kleinere Aufgaben, wie z.B. den Wäschekorb mit der Wäsche zur Wäscherolle zu transportieren. Daneben hatten wir für größere und schwerere Transporte einen großen Pritschenwagen, einachsig, die massiven Räder mit Vollgummi ausgestattet und mit einer Deichsel versehen. Damit wurden u.a. Kohlen von der Kohlenhandlung Fisch geholt. Die Kohlen selbst wurden vom Kohlenhändler in mitgebrachte Säcke gefüllt, pro Sack ein Zentner. Einmal, da war ich schon in der 8. Klasse, sollte ich 5 Zentner Kohlen holen. Normalerweise waren das zwei Fahrten zu drei und zwei Zentnern, die mühelos zu Händeln waren. Aber wie das so ist, junge Menschen haben immer keine Zeit und vor allem stets Wichtigeres zu tun. Schuld war auch der „alte" Fisch, der bestimmt dachte, jetzt zeigst du es einmal dem jungen Heißsporn, und bequatschte mich, doch nur einmal zu fahren mit fünf Zentnern auf dem Wagen. Gesagt, getan und auf den Wagen kamen fünf Zentnersäcke mit den Kohlen. Nun wusste ich allerdings, wie der Wagen richtig zu laden war, so dass die Ladung den Wagen schob und man nur die Deichsel niederdrücken und lenken musste, was schwer genug war. Zur größten Verwunderung vom „alten" Fisch fuhr ich mit der Fuhre vom Hof und brachte sie auch glücklich nach Hause. Von Stunde an hatte ich beim alten Fisch einen Stein im Brett; trotzdem - mit fünf Zentnern bin ich nie wieder gefahren.

Modeimpressionen

Jetzt zur Kleidung und damit zur Mode, die bis zur 8. Klasse für mich völlig nebensächlich war und erst in der 9. und 10. Klasse, die Hormone meldeten sich, ins Blickfeld geriet. In der frühen Kindheit ging es überhaupt um Bekleidung und nicht um Modefragen. Schuhe waren ein Dauerthema, besonders die Winterschuhe. Im Sommer lief man meistens barfuß. Bei schlechtem Wetter musste man schon mal mit Igelit-Schuhen vorlieb nehmen, obwohl man bei Dauergebrauch mit Schweißfüßen zu rechnen hatte. Igelit war ein Kunststoff, der luftundurchlässig war. Verbreitet bei den Jungen waren kurze Lederhosen mit Hosenträgern, aber eben nur im Westen erhältlich. In der DDR schuf man ein Imitat aus einem Wachstuchstoff in grauer Farbe, das nur entfernt wie eine richtige Lederhose aussah. So eine Hose trug ich. Sie hatte aber den einen Vorteil, dass ich damit im Sommer nach einem Regenguss die Bahnböschung an der Laake auf dem dort wachsenden Gras und Unkraut hinunterrutschen konnte. Die richtigen Lederhosen bremsten und waren für dieses Spiel nicht zu gebrauchen.

Etwa ab der 8. Klasse wurde der Besitz einer Jeans der Marken Levis oder Leiba wichtig. Meine Großeltern aus Heilbronn hatten Verständnis für ihren Enkel und lösten das Problem. Modisch war in dieser Zeit auch ein gestrickter, schwarzer Parallelo mit Reißverschluss und Rollkragen. Am wichtigsten dabei waren die beiden breiten gelben Streifen, die sich auf der Brustseite von der Schulter bis zur Gürtellinie befanden. Natürlich gab es in Ostberlin keine Parallelos, aber da ich sowieso eine neue Strickjacke brauchte, konnte es auch ein ähnliches Kleidungsstück, ein Parallelo sein, wie ich gegenüber meinen Eltern argumentierte. Auf dem Markt am Gesundbrunnen wurden wir bei günstigem Geldwechselkurs fündig.

Blankenburg und die Salewskis

Nun muss ich unbedingt zu Blankenburg und zur Familie Salewski kommen. Meine Eltern wohnten, bevor sie 1938 nach Karow in die Straße 49 zogen, ab 1935 in der Blankenburger Urbacher Straße. Mein Vater arbeitete in der Großbäckerei Heinersdorfer Mühle und meine Mutter fand eine Beschäftigung als Verkäuferin im Geschäft von Salewskis. Dieses Geschäft wurde bei einem Bombenangriff zerstört und noch im Krieg bauten Salewskis ein größeres auf. Dieses neue Geschäftshaus, nur das lernte ich kennen, war ein dreistöckiges Gebäude, das nach dem Bau lange Zeit unverputzt blieb. Das recht hochgelegene Kellergeschoss hatte großzügige Räume, die zum Teil auch als Lager für Waren genutzt wurden. Ein kleinerer Kellerraum, der von der Straßenfront über eine gesonderte Treppe zu erreichen war, sollte zum Fischverkauf dienen. Ein großes Becken war für Lebendfische vorgesehen. Wahrscheinlich ging dieser Verkaufskellerraum nie in Betrieb mangels Fischen. Stattdessen war dort eine Wäscherolle aufgestellt worden, wo die Blankenburger ihre Wäsche rollen konnten. Das erste Geschoss, das von der Straßenseite über eine breite Treppe zu betreten war, wies links das Lebensmittelgeschäft und rechts die Drogerie auf. Beide Geschäfte waren gleichgroß und sie besaßen jeweils eine separate Eingangstür. Zwischen beiden Geschäftsräumen befand sich eine Schwingtür, damit der Kunde innerhalb des Gebäudes das Geschäft wechseln konnte. Hinter den Ladenräumen befanden sich Lagerräume, u.a. ein Kühlraum. Im mittleren Bereich zwischen beiden Geschäften war ein kleines verglastes Büro abgeteilt, wo der Chef residierte. Der Chef war Wilhelm Salewski, von allen nur Willi genannt. Im Lebensmittelgeschäft arbeiteten Ulla und Anita, zwei Verkäuferinnen, sowie meine Mutter von Zeit zu Zeit, unregelmäßig, je nach Bedarf. Den Mittelpunkt im Lebensmittelgeschäft bildete Elli Salewski, die Frau von Willi, die aber nicht den ganzen Tag im Laden zubrachte. In der Drogerie arbeitete der Bruder von Willi Salewski, namens Benno, allein, aber nicht als Mitinhaber, sondern als Angestellter. Benno Salewski und seine Frau wohnten ebenfalls in Karow in der Straße 48 gegenüber vom Tischler Thiele.

Im zweiten Geschoss war die Wohnung der Familie Willi Salewski, zu der noch neben Elli der Sohn Manfred gehörte, der aber um einiges älter war als ich. Die Wohnung war groß und für mein Verständnis luxuriös eingerichtet. Ein Zimmer war noch gar nicht ausgebaut worden, es sollte zukünftig mit einem bereits genutzten Zimmer ein Raumensemble bilden. Die Wand zwischen beiden bildete deshalb ein riesiger schwerer Orientteppich. Im dritten Geschoss, der Mansarde, wohnten Herr und Frau Liebert. Frau Liebert war als Haushälterin angestellt, machte sauber, kochte das Essen und hielt den Haushalt in Schwung. Herr Liebert hatte irgendwo ein normales Arbeitsverhältnis und war tagsüber nicht zu Hause. Zu den Brüdern Willi und Benno Salewski gehörte noch ein dritter Bruder, der ebenfalls in Blankenburg ein kleines Lebensmittelgeschäft betrieb, wo weiß ich nicht mehr. Er kam ab und zu in seines Bruders Geschäft, um dort Ware zu holen. Im Hof hinter dem Geschäfts- und Wohnhaus standen immer Fässer, Kisten, Glasballons in gepolsterten Metallgitterkörben, leere Getränkeflaschen in Kästen u.a. Hinter dem Hof befanden sich Wirtschaftsgebäude und Ställe sowie der Hundezwinger für den Schäferhund von Manfred mit dem Namen Erle. In den Ställen standen mindestens zwei Pferde und auch Kleintiere, wie Kaninchen und Hühner, waren vorhanden. Die Pferde wurden für den Pferdewagen gebraucht, aber ebenso einzeln für die einachsige Kutsche, die Willi manchmal benutzte. Hinter den Wirtschaftsgebäuden befand sich der Garten. Auf dem Hof war noch der Eingang zu einem tief gelegenen Luftschutzbunker vorhanden, in den man über eine Treppe kam. Den Bunker hatten Salewskis zu einer kleinen Bar umgestaltet und dort wurde u.a. Skat gespielt, ein Spiel das Willi sehr liebte. Das Geschäftshaus war von zwei großen Hoftüren flankiert, wobei das rechte immer geschlossen war, da dort Wagen abgestellt waren und das linke dagegen immer offen stand. Für den Geschäftsbetrieb benutzte Willi ein kleines Auto, vorn mit zwei Sitzen und hinten mit einem kleinen geschlossenen Laderaum ausgestattet.

Das Geschäftshaus der Salewskis war in Blankenburg eine Institution und im Ortsteil zentral gelegen. Links vom Grundstück war die Post, rechts die

Fleischerei Güring – einen besseren Ort in Blankenburg gab es damals nicht für einen Geschäftsmann.

Die Salewskis konnten mich gut leiden und ich konnte mich überall bei ihnen draußen und drinnen frei bewegen. Wenn meine Mutter dort arbeitete, was meist in der warmen Jahreszeit der Fall war, fuhr ich gleich nach der Schule mit dem 42er Bus nach Blankenburg und blieb dort, bis meine Mutter Feierabend hatte. In der Küche, wo Frau Liebig zwischen Zwiebelmustergeschirr waltete, wartete meist ein Leckerbissen auf mich. Willi rief dann schon bald, ob ich ihn nicht auf eine seiner Geschäftstouren begleiten wollte. Natürlich wollte ich, wo hatte ich schon Gelegenheit mit einem Auto mitzufahren. Vor allem fuhren wir auf Straßen, die der Autobus nicht benutzte. Ich half ihm aber auch. Er vergaß mitunter den Winker zu betätigen, wo ich sofort intervenierte. Der Winker war damals noch ein ausklappbares Teil, bei dem man das mechanische Geräusch beim Ausklappen hörte. Einmal nahm er mich beim Besuch in die Weissenseer Schokoladenfabrik Trumpf mit. Dort schenkten sie mir einen großen Osterhasen aus Schokolade, allerdings unverpackt. Meine Hände und Sachen sahen entsprechend aus. Ebenso sah ich aus, als ich Willi eine Freude machen wollte. Salewskis hatten eine Kohlenlieferung bekommen und die Kohlen waren nur durch das Kellerfenster abgekippt worden. Da ich von zu Hause das richtige Stapeln der Kohlenbriketts gelernt hatte, stapelte ich die geschütteten Kohlen säuberlich auf. Willi freute sich dermaßen darüber, dass er mir einen olivgrünen 1 DM-Schein in die Hand drückte und mich vor allen laut lobte. 1 DM-Münzen gab es erst ab 1956 in der DDR und dieser olivgrüne Geldschein war für mich eine Menge Geld, obendrein mit viel Lob versüßt.

Hier wäre Begebenheit anzumerken, die im Jahr 1956 die Menschen in Berlin beschäftigte. In diesem Jahr gab die DDR erstmalig und lang erwartet eine 1 DM-Münze in den Umlauf und die ersten Stücke wurden lebhaft bestaunt. Zur neuen Münze, aus Aluminium geprägt, war aber das Gerücht verbreitet, dass das Innere aus Pappe bestand und nur die Oberfläche aus Aluminium. Man sollte also eine Münze zerteilen und sich von der Innenpappe selbst überzeugen. Ich kenne keinen, der das gemacht hat, 1 Mark war viel Geld. Ob das Gerücht vom Westen gestreut wurde, wie in der DDR behauptet, kann ich nicht sagen. Aber in dieser Hochzeit des Kalten Krieges war alles möglich.

Mein Interesse am Geschäftsleben war sehr ausgeprägt, es war immer etwas los und Neues zu bestaunen. Im Lebensmittelladen allerdings verscheuchten sie mich immer, denn die hatten viel zu tun. Waren einmal keine Kunden im Laden, mussten die eingenommenen Lebensmittelmarken auf große Bögen geklebt werden. Die waren für die Bestellung neuer Zuteilungsware notwendig.

Viel Zeit verbrachte ich hinterm Ladentisch in der Drogerie bei Benno. Er war ebenfalls ein Gemütsmensch und erklärte mir vieles. Die ganzen Pulver und Essenzen, die abgewogen oder abgefüllt wurden hielten sich mit den verpackten

Waren fast noch die Waage. Verraten hat er mir aber nicht, was er immer in kleinen Tüten aus einem verschlossenen Schubfach an der Kasse ganz verstohlen den Frauen aushändigte.

Vielleicht haben diese Jahre und Erlebnisse bei Salewskis dazu beigetragen, dass ich später wohl ein ganz passabler Kaufmann geworden bin. Etwa gegen Mitte der 1950er Jahre hat Willi Salewski Familie und Geschäft über Nacht im Stich gelassen und ist in den Westen gegangen, wohl nach Lübeck, wie man erzählte. Da er beträchtliche Steuerschulden hinterlassen hatte, übernahm die HO die Geschäfte. Benno Salewski zog mit seiner Frau nach Lichtenberg und machte für wenige Jahre eine eigene Drogerie auf. Aber noch vor dem Mauerbau gingen sie ebenfalls in den Westen. Elli Salewski musste aus der luxuriösen Wohnung im zweiten Geschoss ausziehen und übernahm die Mansardenwohnung der Lieberts, die zwischenzeitlich ausgezogen waren. Dort habe ich sie einmal besucht, sie tat mir leid, denn sie musste ausbaden, was Willi verzapft hatte. Noch vor dem Mauerbau ist sie aber auch in den Westen gegangen. Wir erhielten nach der Grenzschließung noch eine Ansichtskarte aus Westberlin von ihr, dann schloss sich der Vorhang.

Reisen, Besuche, Verwandte, Bekannte, Kalamitäten

Noch nicht eingegangen bin ich auf Reisen, Besuche innerhalb Berlins und den Empfang von Besuch bei uns zu Hause. Das bestimmte zwar nicht den üblichen Alltag, war aber fast immer eine gesuchte Abwechslung und gelegentlich mit einer größeren Festlichkeit verbunden.

Zunächst zu den Reisen. Die waren in unserer Familie sehr spärlich. Ausgesprochene Urlaubsreisen mit meinen Eltern zu einem Ferienziel, wie 14 Tage Thüringen oder Ostsee, hat es bei uns nicht gegeben. Lediglich einmal sind meine Eltern anlässlich ihrer Silberhochzeit eine Woche nach Thüringen verreist. Es war ihre nachgeholte Hochzeitsreise, die wegen der wirtschaftlichen Verhältnisse 1933, beide waren arbeitslos, damals nicht stattfinden konnte. An einen wenige Tage währenden Besuch in Roßwein in Sachsen bei der Familie des Bruders meines Vaters Alfred im Jahr 1952 mit meinen Eltern kann ich mich erinnern. Die Kleinstadt Roßwein war für mich eine heile Welt, da dort keine Kriegsschäden zu beklagen waren. Mein Onkel Alfred konnte sich über das Wochenende ein Auto ausleihen, mit dem wir nach Dresden und von dort mit dem Schiff eine Fahrt ins Elbsandsteingebirge zur Bastei unternahmen. Die bizarren Felsen im Elbtal erstaunten mich und gefielen mir sehr, ich hatte noch nie Berge und Felsen gesehen. Zwei Jahre später bin ich dann noch einmal allein nach Roßwein gefahren zum Schulfest, das dort alle vier Jahre veranstaltet wurde und wo die ganze Stadt über und über geschmückt war. Die Beziehungen zu den Roßweinern, wie wir die Familie von Alfred Priese nannten, gestaltete sich recht eng. Zu den Roßweinern gehörte die Ehefrau von Alfred, Ursel, sowie ihr Kind, meine Cousine Heidi, die ein Jahr älter war als ich. Die Roßweiner Oma gehörte auch zum Haushalt, sie sprach ein ausgeprägtes Sächsisch, dass ich meistens nicht verstand. Onkel Alfred war an der Roßweiner Ingenieurschule als Dozent beschäftigt und war in dieser Funktion oftmals in Eberswalde tätig. Auf dem Weg von Roßwein nach Eberswalde machte er stets bei uns Station, so dass wir uns öfter sehen konnten. Er steckte immer voller Witze und konnte mit diesen einen ganzen Abend bestreiten. Zur Hochform lief er auf, wenn ein weiterer Witzeerzähler anwesend war. Ein Witz ergab den nächsten. Die Roßweiner waren die nach dem Krieg die am frühesten in unserer Verwandtschaft motorisierte Familie. Zuerst besuchten sie uns in Berlin mit Motorrad und Beiwagen und danach gehörten sie zu den ersten die ein Auto Marke Trabant 500 ihr Eigen nannten.

Mit meiner Cousine Heidi habe ich einen lebhaften Briefwechsel geführt, es war immer spannend, ihre Ansichten zu erfahren.

In einem Jahr fuhr ich zur Familie meines Schwagers Siegfried. Sie wohnten in der Schildbürgerstadt Schildau in der Nähe von Torgau. Und natürlich hatte das Rathaus von Schildau, trotz anderslautender Beschreibung in dem Buch über die Schildbürgerstreiche, richtige Fenster. Siegfrieds Familie bestand aus seinen Eltern Erich und Gertrud, sowie drei weiteren Söhnen Rudolf, Helmut und Horst.

Zusammen mit meinen Eltern fuhr ich im Jahr 1959 zu meinen Großeltern und der Familie der Schwester meines Vaters Lucie Kleinschmidt nach Heilbronn in der Nähe von Stuttgart. Sie waren nach ihrer Vertreibung aus Pommern zunächst in Flensburg gelandet und erst Anfang 1952 nach Heilbronn gekommen. Dort war bereits der Mann von Tante Lucie, Hans Kleinschmidt. Erstmalig lernte ich meine beiden Cousins Ekkehard und Hans-Jörg kennen. Reisepapiere in die BRD hatten wir ohne Probleme bekommen. Ein Flug von Tempelhof ohne solche Papiere lag weit außerhalb unserer finanziellen Möglichkeiten. Heilbronn war während des Krieges stark zerstört worden, aber der Wiederaufbau war bereits weit fortgeschritten. Ein Kleinunternehmer, der im gleichen Haus wohnte wie meine Verwandten, bequatschte meinen Vater unentwegt, dass er bleiben und in seine Firma eintreten solle. Mein Vater lehnte dies kategorisch ab, ihm fehle in Heilbronn die S-Bahn. Auch ich wäre keinesfalls dort geblieben, schließlich kam ich aus der Hauptstadt Berlin, was sollte ich in der Provinz. Eine interessante Begebenheit erzählte meine Großmutter. Heilbronn ist von Weinbergen umgeben und man kelterte dort einen brauchbaren Wein. Während der Weinlese, so berichtete meine Großmutter, mussten die Pflückerinnen laut singen, damit sie keine Weitrauben aßen und den Ertrag minderten. Ob das stimmte?

Meine Großeltern aus Heilbronn besuchten uns fast in jedem Jahr in Karow und fast immer im Sommer. Da war die Unterbringung in unserm kleinen Haus einfacher, da die große, aber nicht beheizbare Diele zum Schlafen genutzt werden konnte. Die Großeltern kamen meist über Roßwein nach Karow, Sohn Alfred und seine Familie, sowie mein Vater, ihr Sohn Herbert, waren wohl ihre Lieblinge. Bei uns blieben sie 3 bis 4 Wochen und unternahmen von Karow aus Eintagsbesuche bei ihrem ältesten Sohn Walter und bei Tante Editha. Opa hatte auch eine Halbschwester mit dem Namen Annchen, so nannte er sie immer, die im Westend wohnte und zu der er bei jedem Berlinbesuch hinfuhr. Ihr Mann war ein hoher Beamter der Reichsbahn gewesen, aber schon lange tot. Sie bekam eine hohe Pension auf Grund der Position ihres Mannes und war im Krieg nicht ausgebombt worden. Einmal habe ich meinen Großvater zu ihr begleitet, bin aber mit ihr und ihrem abgehobenen Umfeld nicht klar gekommen.

Das Leben unserer Familie in Berlin war von Besuchen und Gegenbesuchen begleitet. Dabei war keineswegs immer ein Anlass, wie Geburtstage oder sonstige Familienangelegenheiten der Besuchsgrund, sondern einfach das Bedürfnis sich zu sehen, zu schwatzen und die allgemeine Lage im Allgemeinen und Besonderen zu erörtern. Das bezog sich natürlich auch auf Bekanntschaften und Freundschaften.

Gerne denke ich an die Besuche beim Bruder meiner Mutter, Max Hilger und seiner Frau Erna, geborene Schorstedt zurück. Sie wohnten im Prenzlauer Berg in der Chodowieckistraße in einer kleinen Einzimmer-Wohnung. Onkel Max arbeitete im benachbarten Gaswerk Greifswalderstraße im Schichtdienst. Hatte er Nachtschicht, lag er während des Tages im einzigen Zimmer der Wohnung und schlief seinen Normalschlaf, obwohl im Zimmer Tante Erna hantieren musste. Er war im Krieg in Berlin auf einer Flakstellung eingesetzt und dort schwerhörig geworden. Diese Beeinträchtigung erwies sich unter den damaligen Wohn- und Arbeitsbedingungen nun als vorteilhaft. Onkel Max war allseits für sein handwerkliches Geschick und seine technischen Überlegungen geschätzt. Wäre er unter den Bedingungen des DDR-Bildungssystems groß geworden, hätte er bestimmt eine Karriere als Ingenieur gemacht. Tante Erna war ein zupackender Typ, die in einer Fischerfamilie in Dievenow auf Wollin an der Ostsee aufgewachsen war. Beide lernten sich in Berlin kennen. Onkel Max hat in Dievenow im Jahr 1926 einen Menschen vor dem Ertrinken in der Ostsee gerettet und dafür vom Preußischen Staatsministerium des Inneren die Rettungsmedaille am Band der Republik Preußen erhalten. Er hat davon nie erzählt und erst nach seinem Tod haben wir in seinem Nachlass die Verleihungsurkunde und die Medaille gefunden.

Beide hatten keine Kinder und das war auch der Grund, weshalb sie an meiner Schwester und mir hingen und Anteil an unserem Leben nahmen. Außerdem war die Bindung der Geschwister Max und Erika, meine Mutter, sehr stark. Onkel Max wollte immer so lange leben, dass er sagen konnte, er hätte in drei Jahrhunderten gelebt. Da er 1899 geboren war, bestand dafür eine theoretische Chance. Leider hat es nicht geklappt, er starb 1979 und wir begruben ihm auf dem Neuen Friedhof in Karow.

Bei den Besuchen in der Chodowickistraße lernte ich die dortigen Kinder kennen, die ganz andere Spiele spielten, wie wir in Karow. Die hatten z.B. kleine Rennautos, etwa handgroß, die schwer und mit Gummireifen versehen waren. Mit denen machten sie kleine Autorennen auf den breiten Bordsteinen der Straße. Richtige parkende Autos gab es kaum und sie hatten entsprechenden Spielraum auf der Straße.

Onkel Max war Briefmarkensammler und als ich etwas älter war, durfte ich seine Sammlung anschauen. Besonders die Marken aus Übersee fanden mein Interesse. Er hatte auch großes Verständnis für mein neues Hobby, dem Münzensammeln und sah sich geduldig und interessiert meine kleine entstehende Sammlung an.

Die Schwester meiner Mutter und von Onkel Max, Lotte, hatte Willi Ernst Walter Rohloff, einen Buchdrucker, geheiratet und mit ihm die drei Kinder Werner, Dagmar und Ilka. 1945 mussten sie aus ihrem Wohnort Agnetendorf in Schlesien flüchten und landeten in Wiesau in der Oberpfalz. Onkel Rohloff starb bereits 1946, so dass Tante Lotte die drei Kinder allein aufziehen musste. Sie hat uns einmal anlässlich der Silberhochzeit von Max und Erna Hilger mit Werner und Dagmar in Berlin besucht. Ilka habe ich nie persönlich kennengelernt, hatte aber mit ihr einen jahrelangen Briefwechsel. Dagmar und Ilka gingen später in die USA, an ein Treffen war somit nicht zu denken. Ilka starb bereits 2006 In Miami/USA.

Der ältere Bruder meines Vaters Walter wohnte damals in Pankow im Retzbacher Weg in einer schönen Altneubauwohnung, die in den 1920/30er Jahren gebaut worden war. Die Wohnung hatte sogar Zentralheizung und Warmwasserversorgung. Im Winter sind wir manchmal dort gewesen und konnten das Bad benutzen. Onkel Walters damalige Ehefrau Grete und seine beiden Kinder Karin und Jürgen gehörten ebenfalls zu dieser Familie. Onkel Walter war Berufskraftfahrer und gehörte zu den Regierungsfahrern. Einige Jahre fuhr er Bruno Leuschner, führender Planungsexperte und von 1952 bis 1961 Vorsitzender der Staatlichen Plankommission der DDR. Gelegentlich besuchte uns Onkel Walter mit seinem Dienstwagen in Karow. Ein Autotyp ist mir dabei besonders in Erinnerung geblieben, es war ein Tatra, der nach dem

Krieg gebaut wurde und hinten ein Fließheck mit einer kleinen Flosse in der Mitte aufwies. Er hatte ein ganz ungewöhnliches Aussehen und ich durfte mal eine Runde mitfahren. Zwei Journalisten aus der Tschechoslowakei haben damals mit diesem Autotyp Afrika und Südamerika durchquert und darüber mehrbändige Buchausgaben mit vielen Fotos veröffentlicht.

1953 ließen sich Onkel Walter und Tante Grete scheiden und Walter fand in Blankenfelde südlich Berlins eine neue Familie mit einer Frau namens Else und den Töchtern Loni und Anita. Er war dann als Fahrdienstleiter für die Kfz auf dem Flughafen Schönefeld beschäftigt. Mein Cousin Jürgen verließ nach abgeschlossener Lehre 1959 die DDR und ging nach Westdeutschland, ich habe ihn nie wiedergesehen. Cousine Karin heiratete in die Buchholzer Bauernfamilie Obst ein und ihr Mann Günter wurde zu einem beliebten Familienmitglied.

Bleibt noch von der Priese-Familie, die Familie von Otto Priese, der 1947 tragisch verunglückt war. Seine Ehefrau mit dem Namen Editha war seit der Beerdigung von Otto nicht gut gelitten in unserer Familie, die Gründe weiß ich nicht. Ich habe Tante Editha erst 1954 kennengelernt. In diesem Jahr feierten meine Großeltern Karl und Martha Priese, die nach dem Krieg in Heilbronn eine neue Heimat gefunden hatten, ihre Goldene Hochzeit bei uns in Karow. Der Grund für Karow war der, dass sie am 5. Dezember 1904 in der Pankower Kirche auf dem Dorfanger geheiratet hatten. Erst beim genauen Durchforsten der Urkunden, die Krieg und Vertreibung überlebt haben, habe ich bemerkt, dass sie heiraten mussten, denn ihr erster Sohn Walter, kam schon am 26. März 1905 zur Welt. Großvater und Großmutter hatten sich in Berlin kennengelernt, wohnten zuerst in Pankow, dann in Baumschulenweg bevor sie nach Köslin zogen. Lustiges Fazit aus der alten Pankower Kirchenurkunde: Meine schon schwangere Großmutter wurde darin als Jungfrau bezeichnet, unterschrieben von Benicke, Pfarrer und Heldt, Küster.

Doch zurück zur Tante Editha. Kontakte zu ihr und den beiden Söhnen, meinen Cousins Bodo und Roland hatten nur meine Großeltern aufrecht erhalten. In Vorbereitung der Goldenen Hochzeit war Tante Editha nun bei uns in Karow erschienen und gab vollmundige Versprechen ab. Ich sehe sie noch heute an unserem Ofen stehen und höre sie sagen, dass sie für einen Musiker sorgen würde, der die Feier begleiten sollte. Die Goldene Hochzeits-Feier fand wieder in der Pankower Kirche, die anschließende Familienfeier im Gasthaus zum Lindenpark am Bahnhof Karow statt. Wer nicht kam war Tante Editha, die Söhne und der Musikant. Ich habe Editha und Roland, die später in den Westen gingen, nie wieder gesehen. Bodo gab noch ein kurzes Zwischenspiel in den 1960er Jahren bei uns ab, bevor er aus unserem Gesichtskreis verschwand.

Als meine Mutter in den 1920er Jahren nach Berlin kam und sich hier eine Stellung als Verkäuferin suchte, lernte sie ihre lebenslange Freundin Eva Conrad kennen, beide arbeiteten in einer Bäckerei/Cafe. Beide Frauen heirateten und gründeten eine Familie. Eva Conrad heiratete einen Maler Rudolf Kreuzer und bekam mit ihm zwei Kinder, Frank und Jürgen. Frank war so alt wie meine Schwester, die den Namen Eva nicht von ungefähr erhalten hatte und Jürgen war einige Jahre älter als ich. Rudolf Kreuzer starb überraschend an einer Ohrenkrankheit bei Kriegsbeginn und ließ seine Frau mit den beiden Söhnen zurück. Er hatte bestimmt eine künstlerische Karriere vor sich, denn seine Bilder waren gut. Ein Ölgemälde in unserem Wohnzimmer von seiner Hand erfreut mich noch heute seit der Kindheit. Die Freundschaft der beiden Frauen, meiner Mutter und von Eva Kreutzer, hielt ein Leben lang und beide unterstützten sich in ihren nach 1945 verschiedenen Lebenswelten. Eva Kreuzer, für mich war sie immer Tante Evchen, wohnte in Steglitz in Westberlin, war in den 1950er Jahren noch lange arbeitslos und musste wie wir mit der Mark rechnen. War sie bei uns in Karow, musste ich ihr immer ein Brot und Schwarzen Tee vom Kaufmann holen. Durch den Wechselkurs konnte sie Geld für ihr Leben in Steglitz einsparen, Schwarzer Tee war auch 1 : 1 gerechnet in Westberlin teurer als in Ostberlin. Haben wir sie in Steglitz besucht und sind die Steglitzer Schloßstraße entlang gebummelt, drückten wir uns an den üppigen Schaufenstern die Nasen platt, kaufen konnten wir nichts.

Es gäbe noch von manchen Verwandten zu berichten, die mal mehr, mal weniger bei uns in Erscheinung traten. Da war z.B. Frieda Ulrich und ihr Sohn Karl-Heinz. Frieda Ulrich und ihr Mann Paul, der ein Cousin meiner Mutter war, waren dem NS-Staat zugetan. 1945 wurde Paul in die sowjetische Kommandantur bestellt und ist seitdem verschollen. Tante Frieda und ihr Sohn Karl-Heinz wurden verhaftet und Frieda in das Speziallager Sachsenhausen verbracht. Sie musste den Weg nach Oranienburg laufen und sie erzählte später, dass sie von Malchow kommend, auf dem Malchower Weg durch Karow und Buch getrieben wurde. Ein Stück des Weges, den auch Königin Luise 1806 bei ihrer Flucht vor Napoleon unter völlig anderen Umständen benutzt hatte. Wenn Wege und Straßen erzählen könnten. Frieda und Karl-Heinz lebten nach ihrer Entlassung in einem Altbau am Monbijouplatz. Dort fand 1953 die Hochzeit von Karl-Heinz mit seiner Braut Helga statt. Es war die erste Hochzeit, die ich als Gast erleben durfte und dies bis in die frühen Morgenstunden. Mit einer Schwester von Helga namens Christel, die mit mir gleichaltrig war, spielten wir zum Gaudi aller Gäste eine zweite Hochzeit nach. Früh übt sich.....!
Karl-Heinz und Helga bekamen vier Kinder, Jürgen, Jutta, Andreas und Claudia. Andreas Ulrich ist ein berühmter Journalist im Fernsehen und ein erfolgreicher Buchautor geworden.

Zu den Freundschaften meiner Eltern gehörten Theo und Margarete Runge, die in der Straße 44 gleich am Feld ein riesig langes Grundstück besaßen. Es war so groß, dass Theo den Vorgarten als Ziergarten gestalten konnte. Der Rest des Gartens war noch groß genug für den Anbau von Kartoffeln, Gemüse usw. Mein Vater hatte Theo Runge im Karower Geflügelzuchtverein kennengelernt. Theo arbeitete schon in der Vorkriegszeit in der BVG-U-Bahnwerkstätte in Ruhleben in Westberlin und blieb bis zu seinem Ruhestand Ende der 1950er Jahre dort. Er gehörte damit zu den Menschen, die ein Teil ihres Lohnes in West und den anderen in Ost bekamen. Ich glaube das Verhältnis war 40 zu 60. Das war in Berlin in jenen Jahren nicht ungewöhnlich, alte Arbeitsverhältnisse hatten Bestand. Da sich die Einkommensverhältnisse, die Fixkosten, wie die Mieten und die Preise insgesamt in Ost- und Westberlin ständig auseinander entwickelten, stellte das schon ein Problem dar, da der Wechselkurs zwischen DM-Ost und DM-West nicht die gesamte wirtschaftliche Situation wiederspiegelte. Der Wechselkurs war ein politischer Kurs zum Schaden der DDR und im übrigen einer der vielen Bausteine, die zur Errichtung der Mauer führten. Hanne Bürger, der mit seiner Frau Margot kurze Zeit unser Nachbar im Haus von Nante Schulz war und in seiner jugendlichen Leichtigkeit Ende der 1950er Jahre in Westberlin eine Arbeit als Hilfsarbeiter annahm, verdiente damals einen Stundenlohn von 5 DM-West, wahrscheinlich schwarz. Er musste bei der Arbeit auf einem Güterbahnhof die in die Güterwagen geschütteten Kohlen in die in der Innenstadt Berlins üblichen Kohlenkästen einsortieren. Kohlenkrabbeln nannte man das. Mit den Kohlenkästen kamen die Kohlen in die Keller der Mieter. Diese Arbeit, schwer und schmutzig, erzielte nach dem Umtausch einen Stundenlohn von 25 bis 30 DM-Ost. Mein Vater hatte als Brot-Bäcker, auch eine schwere Arbeit, einen Wochenlohn von etwa 50 bis 60 DM-Ost und die Wochenarbeitszeit betrug 48 Stunden.

Doch zurück zu den Runges. Sie hatten keine Kinder und deshalb war ich wohlgelitten in ihrem Haus. Interessant waren die Gespräche der Männer, wenn bei Runges Besuch war, etwa zu Geburtstagen und die Prieses auch dabei waren. Die Heldentaten der Männer, die sie im 1. und 2. Weltkrieg vollbracht haben wollten und nach jeder Flasche Bier größer wurden, waren schon allein von der Darbietungsart hörenswert. Die Frauen spielten oft Schlesische Lotterie. Dazu holte Frau Runge einen Topf hervor, indem sich Kupferpfennige aus der Zeit der Weimarer Republik befanden, die aufgeteilt und als Spieleinsatz verwendet wurden. Ich spielte natürlich mit, aber nach Spielende mussten alle Kupferpfennige wieder in den Topf zurück.

Runges hatten im Vorgarten einen riesigen Süßkirschenbaum, der in jedem Jahr voller Kirschen hing. Die dunklen Kirschen schmeckten köstlich. In unserem Garten gab es keinen Süßkirschenbaum, irgendwie wollten die bei uns nicht gedeihen. Verständlich, dass ich den Runges beim Ernten half und auf ihrem Baum herumkletterte.

Unser Garten und meine gastfreundlichen Eltern zogen vor allem im Sommer die Verwandten an. Geburtstage und andere Familienfeste wurden ausgiebig gefeiert. Ich denke dabei an die Silberhochzeit meiner Eltern 1958, an die Hochzeit meiner Schwester Eva mit ihrem Siegfried 1956, an meine Einschulung 1950 und Jugendweihe 1958 die in unserem Haus in der Straße 49 stattfanden. In den ersten Jahren nach dem Krieg, bis etwa 1952/53, brachten die Gäste bei Normalbesuchen außerhalb von Jubiläen ihre eigenen Stullen mit. Bedingt durch die Rationierung war es gar nicht möglich sie von unseren Zuteilungen mit zu versorgen. Gartenfrüchte und Eier, die wir hatten, besserte die Lage. Kuchen buk meine Mutter und sie war eine unvergleichliche Bäckerin und Köchin. Selbst mein Vater, gelernter Bäcker, pfuschte ihr nicht ins Handwerk. Er fabrizierte lediglich Buttercremetorten bei uns zu Hause, die er meisterhaft mit kunstvollen Verzierungen herstellen konnte und die sich damals allgemeiner Beliebtheit erfreuten. Für alkoholische Getränke war mein Vater zuständig. Neben Hellem Bier, die Flasche zu 48 Pfennigen, gab es Kornschnaps oder Wodka, aber vor allem selbstgemachten Obstwein. Dieser Obstwein wurde bei uns aus Johannisbeeren hergestellt und gärte in großen Glasballons über Winter in unserer Küche. Das Glucksen des Wassers in den Gärröhrchen höre ich noch heute. Nun ist ja der Genuss von Obstweinen, wie noch heute das jährliche Baumblütenfest in Werder lehrt, nicht ohne. Man muss die Menge, die man trinkt, sorgfältig bemessen. Manch einer, der bei uns nach der Devise „das süße Zeugs tut doch nichts" dem Johannisbeerwein kräftig zugesprochen hatte, legte bis zum nächsten Besuch eine längere Pause ein. Später ging mein Vater dazu über, Wein aus Weizen herzustellen. Der war bekömmlicher und schmeckte auch besser.

In diesem Zusammenhang passt auch der Bericht von meiner Jugendweihe im Frühjahr 1958. Meine Schwester Eva war noch getauft worden, durch die Kriegsereignisse ist es bei mir nicht dazu gekommen und in der zweiten Hälfte der 1940er Jahre hatten meine Eltern andere Sorgen. Dazu kam, dass mein Vater mit der Kirche nichts im Sinn hatte. So wuchs ich eben als „Heide" auf und hatte damit keine Probleme. Ab Mitte der 1950er Jahre nahm die Zahl der Jugendlichen stetig zu, die die Jugendweihe erhielten. In meinem Jahrgang und meiner Klasse waren das etwa 50 bis 60 %. Ganz Gewitzte meldeten sich zu beiden Veranstaltungen, Einsegnung bzw. Jugendweihe, an. Man kann ja nie wissen. Ab September 1957 nahm ich an den Jugendstunden in Vorbereitung der Jugendweihe teil, die von der Schule organisiert wurden. Das waren interessante Veranstaltungen, ich kann mich erinnern an einen Besuch in der Treptower

Archenhold-Sternwarte, an den Besuch des Naturkundemuseums und an die Besichtigung des Gaswerkes in der Greifswalder Straße. Dort habe ich übrigens meinen Onkel Max getroffen, der dort arbeitete. Das Erstaunen und die Freude waren beiderseitig.

Die Jugendweihefeier fand in Buch im Städtischen Krankenhaus in der Wiltbergstraße im dortigen Kultursaal statt. Die Feier war hervorragend gestaltet und feierliche Stimmung breitete sich aus, als wir Jugendlichen in den Kreis der Erwachsenen aufgenommen wurden. Stressig war meine Einkleidung zur Feierlichkeit. Ein Anzug, Schlips, ein Oberhemd mit Manschettenknöpfen und neue Schuhe gehörten zur allgemeinen Ausstattung, aber alles war furchtbar unbequem, beengend und ungewohnt. Die Geschenke überdeckten dann alles. Ich hatte endlich von meinen Großeltern eine Armbanduhr erhalten. Diese waren extra früher nach Berlin gekommen, um an meiner Jugendweihe teilnehmen zu können. Nach der Jugendweihe wurde ich von der Betriebszeitung des Krankenhauses „Der Pulsschlag" zum Interview eingeladen, um über die Jugendweihe aus meiner Sicht zu berichten. Der Beitrag erschien auch mit Bild in der Zeitung und machte mich ein bisschen stolz.

Pflichten und Freuden

Natürlich bestand das Leben nicht aus Besuchen und Feierlichkeiten. Arbeit war das Gebot der Stunde. In den Betrieben arbeitete man damals noch 48 Stunden in der Woche einschließlich des halben Sonnabends. Der Sonnabendnachmittag und der Vormittag des Sonntags gehörten den notwendigen Arbeiten im Haus und im Garten. Auch als Kind wurde ich schon frühzeitig in diesen Rhythmus eingegliedert. Der Sonntagnachmittag gehörte der Erholung, Freizeit und Besuchen. Ausnahmen gab es natürlich.

Von meiner Funktion als Einkäufer schrieb ich bereits. Weniger angenehm war im Sommer das Unkrautzupfen oder das Ausmisten des Hühnerstalls. Gerne habe ich dagegen geerntet und bin auf den Bäumen herumgeturnt. Auch das Umgraben des Gartens im Herbst und im Frühjahr, eine schwere Arbeit, habe ich gern getan. Mit am schönsten war im Frühjahr das Anlegen der Beete und Zwischenwege und das Aussäen und Pflanzenstecken. Im Sommer mussten mit einem langen Gartenschlauch die Pflanzen bewässert werden, was natürlich schon wegen der Wasserplanscherei viel Spaß bereitete. Im Winter war Schneefegen angesagt, Kohlen aus dem Keller holen und Kleinholz hacken. Eine der Lieblingsbeschäftigungen war im Herbst das Verbrennen von Laub, Kleingesträuch u.a. im Garten. Heute ist dies verboten, aber der Geruch, der im Oktober/November aus allen Gärten von diesen Feuern kam, war für mich sehr angenehm, es war der Geruch des Herbstes.

Auf einem Grundstück wird immer irgendwo und irgendwie gebaut. Fast jeder Gartenbesitzer ist auch Architekt, Maurer, Zimmermann und Gärtner in einer Person. So auch bei uns. Als klar war, dass meine Eltern das Haus und Grundstück kaufen, wurde alles umgekrempelt bei uns. Ein Bad wurde eingebaut, eine Schmutzwassergrube, eine neue Einfahrt mit neuen Wegen aus Beton, neue Zäune u.a. wurden errichtet. Der alte Schuppen aus Holz wurde abgerissen und ein größerer aus Ziegelsteinen gebaut. Schwager Siegfried war zum Glück Betonfacharbeiter und Maurer, so dass alles professionell über die Bühne ging. Dass ich dabei als Teenager voll eingespannt war versteht sich von selbst. Ich hätte damals einen guten Maurerlehrling abgegeben. Mein Zeitfonds für die mich mehr interessierenden Dinge wie Freunde, Feten, Umherjuchteln war dadurch eng begrenzt und es gab manche Auseinandersetzung mit meinem Vater.

Abwechselungen vom Alltag waren trotz aller Pflichten vielfach gegeben. Ich erinnere mich an Zirkusbesuche bei Barlay, Busch, Aeros und Berolina, an die Besuche auf den Weihnachtsmärkten auf dem damaligen Marx-Engels-Platz und davor, in den frühen 1950er Jahren, auf die Oktoberrummel an gleicher Stelle. Die Besuche, zuerst im Zoo und dann später im Tierpark, gehörten zu den Höhepunkten. Unvergessen ist mir der riesige Flusspferd Bulle Knautschke im Zoo, der nur ein winziges Gehege hatte. Schön fand ich im Tierpark die Anlagen für die Kamele, wo man aus der Ferne gar nicht sah, dass sie eingesperrt waren. Dazu kam, dass ich im Tierpark natürlich ein Eis und Brause bekam, was im Zoo wegen des Wechselkurses nicht möglich war.

Die Seele unserer Familie war meine Mutter, zu jedem freundlich und helfend, gerecht, immer auf Ausgleich bei Konflikten bedacht, sich aufopfernd für andere und Eigenes zurückstellen, stellte sie den Mittelpunkt dar. Meine Mutter liebte ich über alles. Mein Vater dagegen war impulsiv, immer auf Durchsetzung seiner Meinung bedacht – mit einem Wort ein Feuerkopf. Er hat niemals mit seiner politischen Meinung hinterm Berg gehalten, obwohl er zu vielen Fragen der DDR-Politik der 1950er Jahre andere Ansichten vertrat als die, die offiziell galten. Er betrachtete sich als unabhängiger Vertreter der Arbeiterklasse und schimpfte auf die neue Führungsschicht der DDR. Er stand aber keineswegs der politischen Führung der BRD nahe, im Gegenteil kritisierte er die in ihren Auswirkungen feindliche Politik der Adenauer-Regierung gegenüber den Ostdeutschen.
Meine eigene politische Überzeugung, wenn man davon in diesem Alter überhaupt sprechen kann, war durchaus für den Sozialismus einnehmend. Das heißt im großen Ganzen, im Detail, sah das mitunter anders aus. Ich habe damals nicht verstanden, warum die Adenauer-Regierung nicht über die Vorschläge, die aus dem Osten kamen, verhandelt hat. Die DDR-Politiker waren praktisch Luft

für sie. Dabei waren in der BRD viele Dinge nicht in Ordnung, wie der Umgang mit belasteten Nazis. Ich habe beispielsweise nie verstanden, warum die Witwe vom Mordrichter Freisler, der bei einem Bombenangriff ums Leben gekommen war, für die Tätigkeit ihres Mannes eine auskömmliche Pension erhalten hat. Ich bewertete das als ein Schlag ins Gesicht der Opfer des 20. Juli 1944, die Freisler zu verantworten hatte. Oder Reaktionen auf zweifelsfreie Erfolge des Ostens . Am 4. Oktober 1957 war ich mit meiner Mutter unterwegs, hatten morgens keine Nachrichten gehört und auf dem S-Bahnhof Westkreuz schrie ein Zeitungsverkäufer seine Schlagzeile in die Menschenmasse „Sowjetmond rast um die Erde" in einer Form, als ob das Ende der Welt angefangen hätte. Dabei hatte die Sowjetunion nur den ersten Satelliten, den Sputnik, ins All geschossen. Auf der anderen Seite fand ich immer die Geheimniskrämerei des Ostens fürchterlich. Hätte man nicht mehr die Öffentlichkeit einbeziehen können.

Damit soll es genug sein mit den politischen Impressionen, die man natürlich aus heutiger Sicht und mit sehr viel mehr Wissen ausgestattet, als ein Jugendlicher der damaligen Zeit, tiefgründiger und gerechter beurteilen kann.

DIE SCHULZEIT
Schulzeit in Karow 1950 bis 1958

Da stand ich nun am 1. September 1950 an der Alten Schule in Karow mit Schulranzen und Zuckertüte und freute mich auf die Dinge, die da kommen sollten. Alte Schule, das muss man heute erklären. Sie befand sich an der Kirche neben der Feuerwache, war im Jahr 1881 aus gelben Backsteinen gebaut und 1907 um ein Stockwerk erhöht worden. Die Schule enthielt nur wenige Klassenräume und wurde deshalb für einige Klassen der Unterstufe, Klasse 1 bis 4, verwendet. Ich habe die Alte Schule in den Klassen 1, 2 und 4 besucht. Die 3. Klasse absolvierte ich in der Neuen Schule. Etwa Mitte der 1950er Jahre wurde der Unterricht in der Alten Schule eingestellt und die Klassenräume für Zwecke der Arbeitsgemeinschaften der Schule genutzt.

Der Schulweg von der Straße 49 zur Alten Schule war ziemlich lang. Gestartet sind Peter (Klaus-Peter Brockhaus) und ich morgens etwa um 7 Uhr 15 um als nächsten Jürgen Thurack in der Straße 48 abzuholen. Damit war unser Trio komplett und wir liefen bis zum Ende der Straße 48, unterwegs die Lage im Allgemeinen und im Besonderen, erörternd. Die kurze Strecke auf der Straße 42 wurde abgekürzt und quer über das dort befindliche Feld zur Blankenburger Chaussee gelaufen. Das Zertrampeln seines Ackers auf ein bis zwei Meter Breite ärgerte natürlich den Bauern. Einmal im Frühjahr, das Feld war frisch gepflügt, stellte er sich an den Acker und bewachte ihn. Das konnte er natürlich nicht dauerhaft machen und schon am nächsten Tag hatten Frühaufsteher einen neuen Pfad markiert. Unser Schulweg setzte sich dann an der Chaussee bis zur Alten Schule fort. Der Rückweg lief etwas anders. Am bewussten Feld blieben wir an der Chaussee bis zur Straße 43 und bogen erst dort zum morgendlichen Weg ein. Der Grund lag begründet in unserem Lieblingsgeschäft, das an der Ecke Blankenburger Chaussee, Straße 43 lag. Es war das Fahrradgeschäft und die dazugehörige Werkstatt von Woitschach. Zur Chaussee hatte das Haus, was immer noch steht aber hinter Hecken verborgen ist, zwei große Schaufenster. Und darin lagen die Schätze unserer Begierden. Natürlich Fahrradersatzteile, Fahrräder aber auch Taschenlampen und sonstige Dinge. Die Spezialität von Woitschach war das Lackieren alter Fahrradrahmen, wo er tolle Farben zur Verfügung hatte, die nach unserer Meinung nur aus dem Westen stammen konnten. Später, in der 7. Klasse, nutzte ich diesen Service für den Aufbau meines neuen Rades. Die Firma Woitschach vergrößerte sich später und betrieb einen Fabrikstandort in der Nähe der Weissenseer Spitze. Sie stellt dort u.a. Kinderspielzeug her. Später übernahm die Firma den Standort vom Hydrocarbon-Werk an der Laake in Blankenburg, als diese mit der Produktion des gleichnamigen Produktes, ein schwarzes Pulver, aufhörte.

Ja der Schulweg war schon lang und obwohl es normalerweise nichts zu sehen gab, war immer etwas Neues zu entdecken, gab es hier und dort kleine Veränderungen, liefen sonderbare Menschen an uns vorbei und vor allem nahmen wir den Pferdefuhrwerk- und Autoverkehr wahr, lästerten über die Pferde, bestimmten die Auto- und Motorradtypen. Wir wunderten uns über die zahllosen Lastzüge, die Abrissschutt der Berliner Ruinen zum Auffüllen der Kiesgruben in Buch transportierten. Selbst bei Regenwetter, bei Sturm oder hohem Schnee benutzten wir nicht den Bus.

Die Neue Schule in Karow an der Bahnhofstraße, Ecke Blankenburger Chaussee etwa um 1946. Die Fenster der Turnhalle sind wegen der Kriegseinwirkungen noch teilweise mit Pappe vernagelt.

Die Neue Schule war in der zweiten Hälfte der 1930er Jahre an der Ecke Bahnhofstraße / Blankenburger Chaussee errichtet worden. Sie stellte für Karower Verhältnisse einen markanten modernen Bau mit einer großen Turnhalle dar. Die Turnhalle diente auch als zentrale Versammlungshalle für Karow, sie konnte vollständig mit Bänken und Stühlen bestuhlt werden. Das Außengelände der Neuen Schule war seit ihrer Erbauung in und nach der Kriegszeit nicht hergerichtet worden. Diese Aufgabe nahm man Mitte der 1950er Jahre in Angriff. Das Gelände von der Blankenburger Chaussee bis zum Schulbau ist abschüssig, was bei der Neugestaltung zu berücksichtigen war. Zunächst wurde zur Blankenburger Chaussee und entlang der Bahnhofstraße erst einmal ein neuer Zaun aufgestellt, der alte war marode und erfüllte seine Pflicht nicht mehr. Hinter dem Zaun legte man eine kleine abfallende Böschung mit Grasbewuchs an und dahinter wurde ein richtiger Sportplatz gebaut. Weiter zum Schulgebäude hin wurde nach dem Sportplatz eine Natursteinmauer errichtet, gleichsam als zweite Stufe, um auf das Bodenniveau des Schulgebäudes zu gelangen. Von der Blankenburger Chaussee aus war das Schulgelände eine zweistufige Anlage. An der Seite, wo die Gärtnerei Guth das Schulgelände begrenzte, wurde eine breite, schräge Einfahrt angelegt, so dass auch Autos, z.B.

die Kohlelieferanten, den unteren Schulhof erreichen konnten. Zu ergänzen wäre noch, dass sich hinter dem Schulgebäude, in der Bahnhofstraße, der Schulgarten befand in dem sich die Schüler dann und wann betätigten.

1951 eröffnete man in der Siedlung Karow einen weiteren Schulstandort für die dortigen Siedlungskinder. Alle Schulstandorte zählten als 14. Grundschule Karow des Stadtbezirks Pankow. Die Grundschule umfasste die Klassen 1 bis 8 und ihre Absolvierung wurde mit einer umfangreichen Abschlussprüfung in schriftlicher und mündlicher Form, bei Erfolg bestätigt mit einem Abschlusszeugnis, beendet. Danach begann für die meisten Schüler eine 3jährige Berufsausbildung. Die Schüler mit sehr guten Leistungen konnten im Anschluss an die Grundschule die Oberschule in Pankow mit den Klassen 9 bis 12 besuchen und am Ende ihr Abitur ablegen. Die Schüler mit guten Leistungen besuchten die Mittelschule in Buch mit den Klassen 9 und 10 und mussten am Ende dort ebenfalls eine umfängliche Abschlussprüfung ablegen.

1950 wurden drei erste Klassen eingeschult, jede mit etwa 30 Kindern. Ich kam in die Klasse 1c. Unsere Klassenlehrerin hieß Frau Müller und sie nahm bald die Stelle der Glucke für ihre Küchlein ein und wir, ihre Küchlein, folgten ihr bedingungslos. Außerdem war sie eine hervorragende Lehrerin und noch in der ersten Klasse, etwa im Februar/März 1951, konnte ich Bücher lesen. Natürlich zunächst Kinderbücher mit großen Buchstaben und vielen Bildern. Sie hatte zudem ein ausgesprochenes Gerechtigkeitsgefühl und manche Träne trocknete sie schnell mit einem über den Kopf streichen. Schülern, die nicht so schnell im Stoff mitkamen, half sie, baute Brücken und ermunterte sie mit manchem Lob. Wir hatten einen Stotterer in der Klasse, Joachim Quetschke, der zudem auch noch der kleinste war, dem sie sich besonders zuwandte und der sein Stottern nach und nach verringerte.

Klassenfoto der Klasse 2, aufgenommen auf dem Schulhof der Alten Schule im Jahr 1952. Rechts die Klassenlehrerin Frau Müller, davor, ganz rechts sitzend, Karin Brockhaus (Torge), zweite Reihe oben links Peter Brockhaus, Klaus Priese und der vierte in der Reihe Jürgen Thurack.

Der Klassenraum hatte wohl noch die Ausstattung aus der Kaiserzeit und war mit festzusammenhängenden Bänken und Tischpulten in drei Reihen ausgestattet. Die Schulmöbel mit ihren Graffiti, Tintenflecken und Einkerbungen erzählten wie ein Comicbuch von vergangenen Schuljahrgängen. In den ersten zwei Klassen schrieben wir anfangs mit Bleistift, aber noch im späten ersten Schuljahr mit Federhaltern und Tinte. Tinte war in kleinen Flaschen, die in die Bänke eingelassen waren, vorhanden und wurde von der Schule vor Unterrichtsbeginn aufgefüllt. Federhalter mit Ersatzfedern und einem kleinen Stofflappen zum Trockenwischen der Stahlfeder war Bestandteil des Federkastens aus Holz, den jeder Schüler von zu Hause mitbringen musste. Erst ab der vierten Klasse benutzten wir Füllfederhalter, was das Schreiben erleichterte und ein schnelleres Schreiben zuließ. Die gerade aufkommenden Kugelschreiber waren in der Grundschule tabu. Nach Meinung der Lehrer führte ihre Benutzung zur Verwilderung des Schriftbildes, wobei sie, von heute betrachtet, nicht Unrecht hatten. Schönschrift war noch ein positiv besetzter Ausdruck. Alle Schulbücher, alle Hefte und auch Bleistifte bekam man in der Schule umsonst. In den ersten Jahren verblieben die Schulbücher nach Abschluss des Schuljahres beim Schüler, sie brauchten nicht zurückgegeben werden. Erst ab 1954/55 änderte sich diese zu großzügige Regelung und nach Abschluss des Schuljahres mussten die Schulbücher wieder abgegeben werden und standen im nächsten Schuljahr dem folgenden Schülerjahrgang zur Verfügung.

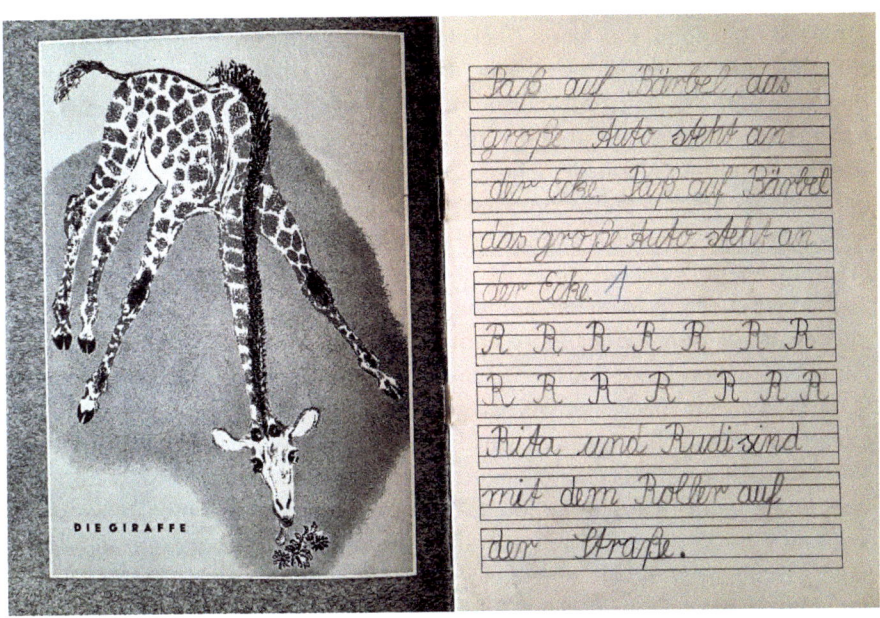

Mein Schreibheft aus der 1. Klasse, wir waren beim Buchstaben R angekommen. Von Verlag Volk und Wissen wurde dieses hübsch gestaltete Schreibheft hergestellt. Auf der Umschlagseite 1 ist ein kleiner Elefant zu sehen, es folgt eine Giraffe (hier im Bild), sowie hinten zwei Zebras und hinten ein Känguru mit zwei Jungen.

Der Klassenraum in der Alten Schule wurde noch mit einem großen Eisenofen beheizt. Er stand hinter einem halbrunden Schutzschild aus Eisen und bullerte in kalten Wintertagen leise vor sich hin. Beheizt wurde er in den Pausen von der Reinigungsfrau, Schüler durften ihn nicht bedienen. Vor der Mittelreihe stand der Lehrertisch und dort stets aufgeklappt das Klassenbuch, in dem jeder Schüler namentlich vermerkt war und in das die Zensuren eingetragen wurden. Die Schultafel und ein Schrank für Schulmaterial, wie Hefte, Kreide und dergleichen vervollständigten das Inventar. An die Wand pinnte Frau Müller bunte, wohl selbstgemachte Bildchen mit den Groß- und Kleinbuchstaben, wie z.B. A und a mit einem schönen Apfel- und B bzw. b mit einem Birnenbild.
Ein Frühstückimbiss brachte jeder Schüler von zu Hause mit, Mittagessen gab es in der Schule. Ein Mittagessen kostete 15 Pfennige einschließlich einer Schrippe,

die es zu jedem Essen dazu gab. Jeder Schüler brachte einen Löffel und ein kleines Schulessentöpfchen mit in die Schule, in das das Essen eingefüllt wurde. Ein Platzdeckchen aus Wachstuch und ein Geschirrtuch für den Löffel vervollständigten das Ensemble. Gegessen wurde in der Schulbank, die mit dem Wachtuchdeckchen etwas aufgehübscht war. Nun hatte nicht jeder Schüler großen Hunger und aß seine ganze Portion auf. Der Essensrest im Schulessentöpfchen, das einen Deckel hatte, und die leeren Töpfchen standen bis Schulschluss in der hinteren Ecke des Klassenzimmers und wurden mit nach Hause genommen. Entsorgt wurden die Essensreste in der Schule nicht, viele hatten Kleinvieh, das sich über die Reste freute.

Das Essen aus der Kelle in das Schulessentöpfchen war einfach aber schmackhaft und verwöhnt war in dieser Zeit sowieso kaum einer. Die Hungerzeit nach dem Krieg war noch allgemein in Erinnerung. In der Alten Schule bekamen wir das Essen in Thermobehältern von der Küche der Neuen Schule geliefert. Diese Küche war in einem Barackenbau hinter der Turnhalle untergebracht bis diese irgendwann in den 1950er Jahre abbrannte. Danach wurde nicht mehr in der Karower Schule gekocht und das Essen wurde aus einer Zentralküche angeliefert. Etwa 1955 wurde das Schulessen umgestellt. Es gab nun auch Gerichte, die aus mehreren Teilen bestanden, wie Fleisch, Gemüsebeilage, Kartoffeln und Nachtisch und nicht nur die Kellengerichte. Die Schulessentöpfchen waren jetzt überflüssig, denn Teller, für Eintopf Essschüsseln und Aluminiumbestecke stellte die Schule zur Verfügung. Ein Essenraum für die Einnahme der Mahlzeit war im Untergeschoss der Schule eingerichtet worden. Diese Verbesserungen hatten zur Folge, dass ein Essen nun 50 Pfennige kostete.

Frau Müller war von der 1. bis zur 4. Klasse unsere Klassenlehrerin. Leider hatte sie eine angegriffene Gesundheit und fiel oftmals durch Krankheit, auch für längere Zeit, aus. An die Ersatzlehrer kann ich mich nicht, bis auf eine Ausnahme, erinnern. Die Ausnahme war die jetzt legendäre Frau Ende, bei der es aber wesentlich strenger zuging. Ab der 5. Klasse bekamen wir Frau Ende als Fachlehrerin für Deutsch und Musik. Wir redeten in meiner Schulzeit bis zur 8. Klasse Frau Ende stets mit Fräulein Ende an, denn sie war und blieb unverheiratet.

Aber zurück zu den ersten Schuljahren bei Frau Müller. Die erste Zeit im neuen Schuljahr, im September verging außerhalb der Lernaufgaben des Schulstoffes mit dem Sammeln von Kastanien und Eicheln, aus denen wir mit Hilfe von abgebrannten Streichhölzern allerlei Figuren bastelten. Die alte Kaisereiche vor der Schule und die vielen Kastanienbäume der Dorfstraße boten dafür genug Material. Anschließend mit dem Herbstbeginn sammelten wir Blätter und legte diese in unser Lesebuch, wo sie gepresst und getrocknet wurden.

Ebenfalls im Spätsommer gab es in den ersten Jahren nach 1950 immer ein besonderes Spektakel – auf der Dorfaue wurde ein Rummel aufgebaut. Morgens auf dem Weg zur Schule standen schon ein, zwei große Wagen auf der Wiese. Nach Schulschluss waren die ersten Konturen der Karussells erkennbar und am nächsten Tag war der Rummel eingerichtet. Drei bis vier Karussells gehörten, wie auch einige Buden dazu. Vertreten waren immer die Luftschaukeln, das Kettenkarussell und ein Drehkarussell mit Pferden, kleinen Autos und Kutschen usw. Von Donnerstag oder Freitag bis zum Sonntag war der Rummel der Mittelpunkt der Karower Welt. Mich faszinierte vor allem der Aufbau des Rummels. Fragte mich damals jemand, was ich denn später einmal werden wollte, war meine Antwort immer Rummelmann. Dieser Rummel war wohl der letzte Ausfluss der alten Karower Erntefeste, die ich aber nicht bewusst erlebt habe. In Blankenburg hatte sich diese Tradition länger erhalten.

Eine sehr schöne Zeit war immer die Vorweihnachtszeit. Natürlich mussten wir Weihnachtsgedichte und -lieder lernen, aber das war für mich keine Hürde und für die häuslichen Weihnachtsbescherung von Vorteil, da man, bevor es Geschenke gab, erst ein Gedicht aufsagen oder ein Lied singen musste. Kurz vor dem 1. Dezember mussten alle Kinder ein kleines Geschenk verpackt in einer Streichholzschachtel in die Schule mitbringen. Darin enthalten waren Kleinigkeiten, wie ein Radiergummi, Schreibfedern, Süßigkeiten und dergleichen. Die kleinen hübsch verpackten Päckchen wurden an Schnüren beiderseits der Tafel aufgehängt. Jeden Tag erhielt ein besonders fleißiger oder braver Schüler als Prämie ein Päckchen. Mehrfach-Prämierungen waren möglich. Leider gehörte ich nie zu den Prämierten, nahm aber lebhaften Anteil, wenn andere ihr Päckchen öffneten. Eine kleine Feier im Klassenraum mit Kerzen und Pfefferkuchen war der Höhepunkt der Vorweihnachtszeit. Frau Müller nutzte als Prämie in der 1. und 2. Klasse auch Lackbilder. Hatte jemand besonders gut gelesen, fehlerfrei geschrieben oder ein Gedicht mit Betonung aufgesagt, erhielt er als Belohnung ein Lackbild. Und die sammelte man natürlich, Kinder finden Kitsch schön.

Der nächste Höhepunkt im Schuljahr war die Faschingsfeier, die in der Turnhalle der Neuen Schule für mehrere Klassen zusammen gefeiert wurde. Das schönste Kostüm erhielt einen Preis.

Ostern gab es keine besondere Feier, aber frisches Grün und einige Blumen sorgten für eine andere Atmosphäre in der Klasse. Der 1. Mai bescherte uns kleine Papierfähnchen für die Ausschmückung des Klassenzimmers. Das war die Staatsfahne, damals noch ohne Emblem, die rote Arbeiterfahne und die FDJ-Fahne. Alle Farben waren vertreten, es fehlte nur die Farbe Grün. Zum Muttertag Mitte Mai bastelten wir für unsere Mütter kleine Geschenkblätter mit einem Gedicht und mit Malereien versehen.

Groß gefeiert wurde der Tag des Kindes am 1. Juni. Da ließ sich immer die Schule etwas Besonderes einfallen mit einem Kinderfest z.B. im Schlosspark Buch oder einem Ausflug mit Überraschungen. Die Schule fiel an diesem Tag selbstverständlich aus.

Den Lehrertag eine Woche später haben die Schüler, allerdings erst in den höheren Klassen, mit einem Dank an die Lehrer gewürdigt. Es wurde Geld gesammelt für einen Blumenstrauß und manchmal auch ein kleines Geschenk, die dem Klassenlehrer oder -lehrerin am Morgen überreicht wurde. Dass an diesem Tag nur ein eingeschränkter Unterricht stattfand, versteht sich fast von selbst.

Der letzte Höhepunkt des Schuljahres war Anfang Juli die Zeugnisausgabe. Jeder Schüler zog seine Sonntagssachen an und nahm sein Zeugnis entgegen. Die allermeisten mit Freude und Erleichterung, aber es gab auch Sitzenbleiber.

In den Klassen 1 bis 4 bei Frau Müller wurde am Geburtstag jeden Schülers das Geburtstagslied „Ich freue mich dass ich geboren bin und habe Geburtstag heut..." von der Klasse für den Schüler gesungen. Das Geburtstagskind genoss an diesem Tag Schonung vor Leistungskontrollen. Für alle Schüler, die in den Ferien Geburtstag hatten, wie ich, wurde am ersten Tag nach den Ferien diese Zeremonie veranstaltet. Aber am ersten Tag nach den Ferien gab es sowieso keine Zensuren.

Juli und August waren die Monate der Großen Ferien. Viele Kinder, deren Eltern in größeren Betrieben, vor allem in VEB`s arbeiteten, kamen in den Genuss der Teilnahme an den Kinderferienlagern der Betriebe. Leider arbeitete mein Vater in einer Bäckerei und später in einer kleinen privaten Baufirma, die solche Vergünstigungen nicht anbieten konnte. Für solche Kinder hatte der Stadtbezirk Pankow vorgesorgt und bot Ferienspiele an. Die wurden in zwei Durchgängen, jeweils drei Wochen im Juli und August, veranstaltet. Man traf sich morgens in der Neuen Schule. Gab es Dauerregen, was sehr selten war, blieben wir in der Schule und wurden dort mit Spielen, Basteln u.a. beschäftigt. Normalerweise aber liefen die Kinder zum S-Bahnhof Karow und fuhren nach Buch zum Ferienspielplatz. Dort hatte jede Gruppe einen eigenen Sammelpunkt, wo die Kleidung und anderes untergebracht war, denn meistens rannte man nur in einer Turnhose umher. Der Tag bis zum späten Nachmittag wurde mit Spielen und weiß ich was alles verbracht. Die Betreuer und Veranstalter vom Bezirk ließen sich viel einfallen und waren selbst mit Lust und Laune dabei. Ich kann mich noch an eine Quizrunde mit etwa 20 Teilnehmern erinnern, also eine Anzahl bei der man sich Chancen ausrechnet, wo es als Hauptgewinn eine kleine Armbrust und einen Schützenvogel zu gewinnen gab. Die Armbrust war natürlich sofort mein Traum und ich kämpfte mich wacker in die Endrunde durch, versagte dann aber bei der letzten Quizfrage. Die schöne Armbrust gehörte nun einem anderen. Ja,

Niederlagen gehören zum Leben dazu. Ein-, zweimal wurde in jedem Durchgang ein Ausflug unternommen an einen Badesee, denn auf dem Ferienspielplatz gab es nur ein etwas größeres Planschbecken. Zur Abkühlung reichte es, aber nicht für Schwimmversuche. Unterbrach doch einmal ein Regenschauer das Treiben in freier Natur, bot ein größerer Barackenbau Möglichkeiten dort Brett- und Kartenspiele zu spielen. In dieser Baracke nahmen wir auch das Mittagessen ein. Nicht so schön war die Heimfahrt mit der S-Bahn und dem weiten Fußweg vom Bahnhof nach Hause in die Straße 49. Schließlich war man vom ganztägigen Toben ziemlich erledigt. Mittagsschlaf oder auch nur Mittagsruhe gab es nicht auf dem Ferienspielplatz, das wäre auch nur schlecht durchzusetzen gewesen. Am nächsten Morgen ging es frisch und ausgeruht zu neuen Abenteuern nach Buch. Die Ferienspiele in Buch gehören zu meinen liebsten Erinnerungen.

Höhepunkte im Schulleben waren immer Ausflüge oder Dampferfahrten, die mindestens einmal im Jahr stattfanden. Die Ausflüge gingen manchmal nur bis in den Bucher Wald und zwar in den Teil gleich hinter der Bucher Schule. Leider ist später dieser Teil des Bucher Waldes durch zahlreiche Einbauten, wie die Krankenhäuser für die Regierung der DDR, für das Ministerium für Staatssicherheit, für Wohn- und Gewerbebauten völlig zergliedert und seines ursprünglichen Reizes beraubt worden. Diese Bebauung soll wohl weitergehen und irgendwann wird der Bucher Wald in diesem Bereich Geschichte sein.

Weitere Höhepunkte im Schuljahr waren in der 1. und 2. Klasse Kasperletheater-Vorstellungen, die von der Schule organisiert wurden. Ab 3. oder 4. Klasse war zwei bis dreimal im Jahr der Besuch des Theaters der Freundschaft in Lichtenberg obligatorisch und von uns immer mit Freude erwartet. Dazu war etwas früher Schulschluss, damit wir nach Hause gehen und uns theaterfein machen konnten. Wenn wir uns am S-Bahnhof Karow zur Abfahrt nach Lichtenberg trafen, sahen wir alle aus, wie aus dem Ei gepellt. Damals war es allgemein üblich für solche und ähnliche Veranstaltungen die Sonntagsgarderobe anzulegen, schon um damit den Schauspielern Respekt zu zollen und ihre Leistung zu würdigen. Bei den Theaterstücken waren zuerst Märchen, in späteren Klassen auch Gegenwartsstücke zu finden. Erinnern kann ich mich an das Stück „Das Untier von Samarkand", was sehr spannend war. Die Theaterbesuche im Theater der Freundschaft bereiteten unsere späteren Theater- und Opernbesuche in den Berliner Bühnen vor. Die benötigten Eintrittsgelder waren so niedrig, dass mir ihre Höhe entfallen ist. In der späteren Zeit hat mich besonders beeindruckt die Aufführung des Lessing-Stückes im Deutschen Theater Nathan der Weise mit dem Schauspieler Eduard von Winterstein, wie auch Schillers Räuber. Die Stücke lasen wir im Unterricht, so dass wir schon gut vorbereitet in die Vorstellungen gingen. Nicht gut vorbereitet war die erste Oper Tosca, die ich im 8. Schuljahr durch die Schule in der Staatsoper im obersten Rang gehört und gesehen habe. Freund Jürgen hatte von seiner Mutter ein Opernglas mit auf den Weg bekommen und da wir beide weder die Handlung noch die Musik verstanden, beguckten wir abwechselnd den üppigen Ausschnitt der Tosca mit dem Opernglas und langweilten uns zu Tode.

Einmal spielte die Klasse auch selbst Theater, in der 2. Klasse zur Schulweihnachtsfeier in der Turnhalle der Neuen Schule das Stück „Die Bremer Stadtmusikanten". Die Turnhalle hatte gleich neben der Eingangstür eine große eingebaute Bühne, die dafür genutzt wurde. Frau Müller hatte den Text geschrieben, die Rollen besetzt und schon Anfang November ging es mit den Proben los. Ich durfte den Räuberhauptmann spielen, hatte aber nur wenige Sätze zu sagen und vor allem mit meinen Miträubern die Fieslinge dieses Stückes zu geben. Toll waren die Kostüme für den Esel, den Hund, die Katze und den Hahn, die von Eltern, vor allem von der Familie Thurack gebastelt wurden und die viel Beifall erhielten. Mein Räuberkostüm stellte ich mit meiner Mutter aus dem Lumpensack zusammen, entsprechen räuberisch sah ich dann aus. Der Aufführungsnachmittag mit einer voll besetzten Turnhalle und viel Lampenfieber brachte uns lautes Publikumslachen, starken Beifall und großen Zuspruch, wir sollten unbedingt weitermachen. Durch längere Erkrankung von Frau Müller im nächsten Jahr sind wir über einige Leseproben eines neuen Stückes nicht hinausgekommen. Damit war dann meine Theaterlaufbahn als Akteur auf immer beendet.

Manchmal schlugen wichtige politische Ereignisse in das Schulleben durch. So auch am 5. März 1953, Stalins Tod. Es war ein trüber, nasskalter Märztag und gleich nach Schulbeginn um 8 Uhr wurden alle Schüler in der Turnhalle versammelt und nahmen dort Platz. Die Direktorin der Schule, Frau Schmehl, betrat die Bühne und hielt vom Rednerpult eine Trauerrede, mühsam die Tränen zurückhaltend. Man sah ihr an, dass sie tief ergriffen war. Stalin sagte mir nicht allzu viel, nur dass er der Führer der Sowjetunion war und im Lesebuch der 3. Klasse eine rührselige Geschichte einer Pionierin aus Stalinabad von einem Besuch bei ihm zu finden war. Das Lesebuch hinsichtlich der dortigen Geschichten hatte ich bereits im September nach Schulbeginn gelesen. Mir war nur in Erinnerung das beigefügte Bild von Stalin, wie er am Schreibtisch sitzend arbeitete und dass er der Pionierin eine Armbanduhr geschenkt hatte. Das fand ich sehr gut, denn eine Armbanduhr hätte ich auch gerne besessen. Das war damals ein unerfüllbarer Wunschtraum und erst zur Jugendweihe oder zur Konfirmation hatte solch ein Traum Realisierungschancen. An ein Stalinbild in der Schule kann ich mich nicht erinnern, es wird wohl eins gegeben haben. Lediglich im Chemieraum in der Neuen Schule stand an der Rückwand die Losung

„Lernen, lernen und nochmals lernen – J.W.Stalin". Jedenfalls bekamen wir nach der Trauerrede der Direktorin für den Rest des Tages schulfrei und Stalin war schon auf dem Nachhauseweg vergessen.

In die Jungen Pioniere durfte ich nicht eintreten, obwohl ich es gerne getan hätte. Bei denen war immer was los, aber meine Eltern verwiesen auf die Hitlerjugend und waren zu keinen Kompromissen bereit.
Dafür war ich in mehreren Arbeitsgemeinschaften der Schule aktiv, allerdings nie ausdauernd. Die AG`s, wie sie genannt wurden, standen jedem Schüler offen, waren kostenlos und fanden am Nachmittag statt. Geleitet wurden sie von Lehrern, Eltern oder Schulfremden. Hauptsache sie verstanden ihr Fach. Ich war nacheinander Mitglied bei den Modellschiffsbauern, bei den Modelleisenbahnern und bei den Fotografen. Besonders gefiel es mir bei den Modelleisenbahnern, wo ich auch am längsten Mitglied war. Eine elektrische Eisenbahn war zu Hause ein unerfüllbarer Wunschtraum für mich, dazu hatten meine Eltern das Geld nicht zur Verfügung. Lediglich eine Eisenbahn zum Aufziehen mit einer Sprungfeder hatte ich zu einem Weihnachtsfest bekommen. Aber damit konnte man nicht viel anfangen. Mit der elektrischen Eisenbahnanlage der Schule war dagegen viel anzufangen. An der Anlage wurde viel herumgebaut und gestaltet; die Basteleinheiten dafür nahmen Zweidrittel der Zeit in Anspruch. Im restlichen Drittel spielten wir mit den Zügen und ließen sie kreisen. Es gab immer ein wenig Gerangel, denn an die wenigen Schalthebel wollte jeder, sie reichten aber nicht für alle. Meine Begeisterung für die AG`s ließ im warmen Frühjahr schlagartig nach, da hatte ich draußen besseres zu tun.

Sport, der in den ersten Klassen als Turnen bezeichnet wurde, hatten wir in der Turnhalle der Neuen Schule bei Frau Dargusch. Vor der Turnhalle lag der Umkleideraum, den in den unteren Klassen Mädchen und Jungen zusammen benutzten. Spätestens in der 5. Klasse war das Umziehen in die Sportsachen aber nach Geschlechtern getrennt. Jedenfalls ist mir aus der frühen Umkleidung ein mich damals sehr beschäftigender Umstand in Erinnerung geblieben. Mädchen, wie Jungen trugen damals in der kalten Jahreszeit lange braune Wirkstrümpfe. Diese wurden mit langen Stumpfhaltern an einem Leibchen befestigt. Das Leibchen sah aus wie eine ganz kurze ärmellose Weste und war immer weiß, damit es für die Kochwäsche taugte und es wurde über Schulter und Brust getragen. Die Leibchen besaßen mehrere Knöpfe zum Zuknöpfen. Nun gab es Kinder, die hatten die Knopfleiste vorn auf der Brust und konnten sich somit ohne Probleme des Leibchens für den Turnunterricht entledigen. Etwa die Hälfte der Kinder hatten die Knopfleiste aber am Rücken und war beim Ausziehen auf Hilfe anderer Kinder oder des Lehrers angewiesen. Mir wollte es nicht in den

Kopf, warum nicht bei allen die einfachere Variante zum Einsatz kam. Dies Rätsel begleitet mich bis heute.

Schon in der 3. Klasse hielt man uns zum Sparen an. Frau Müller verkaufte an die Schüler Sparmarken der Berliner Sparkasse zu 10 und 50 Pfennig. Dies war sicher auf einer Elternversammlung mit den Eltern abgesprochen worden, denn wir hatten als Schüler damals kaum einen Groschen in der Tasche, zu mindestens nicht ständig. Der Termin des Sparmarkenverkaufs wurde vorher bekanntgegeben und die meisten brachten ein paar Groschen mit, erwarben Marken und man klebte sie wie Briefmarken in ein kleines Faltblättchen ein. War das Faltblättchen voll, ging man mit der Mutter in die Karower Sparkassenfiliale in der Bahnhofstraße und ein Sparbuch wurde eröffnet. Da sah man nun schwarz auf weiß im Sparbuch, sein meinetwegen 3 Mark betragenes Sparguthaben. Und, heute kaum vorstellbar, die Sparkassen-Mitarbeiter lockten mit Zinsen, die man für sein Sparguthaben erhielt. Im Laufe der Zeit kam das eine oder andere kleine Geldgeschenk von Verwandten hinzu und verwandelte das Sparbuch in eine Option für den Erwerb einer gewünschten Sache, die sonst ein Wunschtraum geblieben wäre. Sparsamkeit, nicht nur in Gelddingen, kann man anerziehen und es macht auch noch Freude zu einem Ziel zu streben.

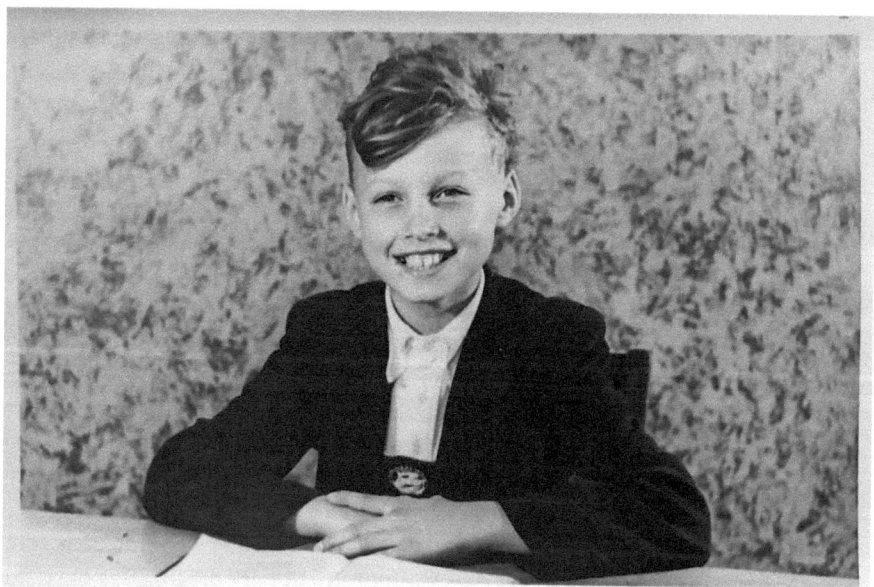

Klaus Priese als Schüler in der 4. Klasse, aufgenommen in der Alten Schule Karow

Die 5. Klasse war ein Einschnitt im Schülerleben. Nicht nur, dass wir unsere geliebte Klassenlehrerin verloren, sie übernahm eine neue 1. Klasse, es änderte sich ziemlich alles. Als erstes gingen wir nun dauerhaft in die Neue Schule an der Bahnhofstraße. Eine neue Klassenlehrerin, Frau Heitmann, unterrichtete nur wenige Fächer u.a. Russisch. Die vielen neuen Fächer wie Geschichte, Erdkunde, Physik, Biologie und Russisch gaben Fachlehrer, die wir manchmal nur einmal in der Woche sahen. Beim Sport hörte das Spielerische auf und vorgegebene Turnübungen an Barren, Bock, Kasten, Reck und Ringen mussten erlernt werden. Am meisten machte noch in den Sommermonaten Leichtathletik Spaß, aber auch dort war Leistung gefragt.

Durch Um- oder Zuzüge veränderte sich die Schülerzusammensetzung. Klaus-Dieter Olias aus meiner Klasse war mit seiner ganzen Familie ganz offiziell nach Hamburg verzogen. Seine Mutter war Sprechstundenhilfe bei Dr. Kort in der Bahnhofstraße, eine sehr nette Frau und da ich ein Schulkamerad ihres Sohnes war, gab es manche Vergünstigung in der Sprechstunde. Andere Schüler meiner Klasse, Hans-Joachim Grotzny, Gerd Michaelis, mit denen man gut hantieren konnte, waren mit ihrer Familie von heut auf morgen in den Westen abgehauen, wie man damals das illegale Verlassen der DDR nannte. Auf der anderen Seite hatten wir auch einen Zugang eines Schülers mit dem Vornamen Rolf (den Nachnamen weiß ich nicht mehr) aus Westdeutschland. Im Einzelnen weiß ich natürlich nicht mehr die Zu- und Abgänge in unserer Klasse, aber es gab immer Bewegung. Zu den für uns neuen Schülern gehörten auch drei Sitzenbleiber, die eigentlich in die 8. Klasse gehörten, aber ihr letztes Schuljahr in der 5. Klasse absolvierten. Dass es keine einfachen Schüler waren, versteht sich von selbst und dass sie kraft ihrer fortgeschrittenen körperlichen Entwicklung in der Klasse den Ton angaben, lag auf der Hand. Von ihnen ging auch die sexuelle Aufklärung nach Straßenart aus und als wir in Biologie an dieses Thema kamen, war es für uns bereits gegessen.

Meine Lieblingsfächer waren neben Deutsch-Literatur, vor allem Geschichte und Erdkunde. Der Stoff flog mir von selbst zu und blieb auch abrufbar gespeichert. Ich hatte Abenteuerbücher mit geschichtlichen Themen gelesen und da ich immer die Hintergründe wissen wollte, alle Welt mit meinen Fragen belegt. Wir hatten bereits in der 5. Klasse die dreibändige, rötlich eingebundene Lehrbuchausgabe, beginnend mit der Urgesellschaft bis zum 1. Weltkrieg reichend, erhalten. Diese drei Bände waren der Schulstoff für die 5., 6. und 7. Klasse. Sie waren hervorragend ausgestattet mit vielen Fotos, Zeichnungen, eingelegten farbigen Landkarten und sehr übersichtlich und prägnant aufgebaut. Wer sich nur die dickgedruckten Zusammenfassungen merkte, war schon auf der sicheren Seite. Für die 5. Klasse erhielten wir außerdem noch ein Geschichtslesebuch, wo der Schulstoff bis zum Frühmittelalter in Form von kleinen Geschichten erzählt wurde. Die waren so spannend, dass die 110 Seiten an einem Regennachmittag weggelesen waren und Arminius der die fiesen Römer in der Schlacht im Teutoburger Wald schlug, fortan zu meinen Helden gehörte. Leider war unser Geschichtslehrer Herr Feltin seiner Aufgabe kaum gewachsen und verstand es nicht, die Schüler für geschichtliche Themen zu begeistern. Die einzige Exkursion, die wir mit ihm unternahmen, ging in einen Karower Bauerngarten. Dort hatte sich ein alter Bauernbackofen aus roten Backsteinen recht und schlecht erhalten, in dem die Bauern früher ihr Brot selbst buken. Der Ofen stand weit hinten im Garten, damit für die Scheunen und Gebäude vom Ofen keine Gefahr ausging. Gebacken wurde einmal wöchentlich und der bewusste Ofen war noch bis in die Kriegszeit im Betrieb.

Der Erdkundelehrer Wrobel war von ganz anderem Format. Groß und füllig kam er zur Klassentür herein und warf mit gekonntem Schwung seine kleine Aktentasche auf den Lehrertisch, und er traf immer. Zunächst schaute er, ob die große Landkarte für deren Herbeischaffung aus dem Kartenraum der Schule er in der letzten Stunde einen Schüler beauftragt hatte, ordnungsgemäß vorhanden war. Dann setzte er sich, stützte beide Arme wie ein sprungbereiter Tiger auf den Lehrertisch und sprach: „Nun wollen wir mal sehen ob ihr euch etwas vom letzten Stoff gemerkt habt". Er schlug das Klassenbuch auf, fixierte einen Schüler, rief ihn auf, übergab ihm einen Zeigestock und der Schüler musste nun auf der Landkarte die gewünschten Dinge zeigen. Die Zensur und ein entsprechender Kommentar folgen auf dem Fuß. Solche Prüfungen konnten mich nie abschrecken. Das Lesen von Landkarte gehört bis heute zu meinen Lieblingsbeschäftigungen. Da ich in diesem Fach fast immer eine 1 hatte, kam ich auch sehr selten an die Reihe. Vielleicht ist es auch der Grund, warum ich Herrn Wrobel gut leiden konnte. Leider verließ auch er gegen Ende der 1950er Jahre von heut auf morgen die DDR.

Mathematik war nicht mein Ding aber ein notgedrungener Fleiß bewirkte immerhin, dass ich mich mit sehr durchschnittlichen Leistungen über die Jahre retten konnte. Nun war aber auch unser Mathe-Lehrer Herr Voss, er wohnte in Karow, ein Mensch, dem es nicht gegeben war, bei mir und manchem anderen, ein Interesse für sein Fach zu wecken. Er gehörte zu den Lehrern der robusten Art, die Klasse ist ihm niemals auf den Kopf herumgetanzt. Er war groß gewachsen, hatte eine kräftige Stimme und ein Glasauge. Man wusste nie, wohin sein Blick gerichtet war und fühlte sich ständig in seinem Focus. Zur Durchsetzung der Disziplin benutzte er eine wirkmächtige Maßnahme. Dazu muss man wissen, dass in den Schulen der DDR das Schlagen von Schülern durch Lehrkräfte strengstens untersagt war. Ich habe niemals ein Übertreten dieser Regel erlebt. Bei Disziplinproblemen zog nun Herr Voss sein dickes Schlüsselbund aus der Hosentasche und warf es in stehender Position mit kräftigem Schwung durch den Gang zwischen den Schulbankreihen an die Scheuerleiste der Rückwand des Klassenraumes. Das Ergebnis war frappierend – in der Klasse herrschte sofort Ruhe.

Einen der Lehrer werde ich nie vergessen, es war der Chemie- und Physiklehrer Herr Steuck. Wir besaßen in der Schule einen besonderen Raum für diese Fächer, speziell für Chemie mit Wasser- und Gasanschluss, einem großen Arbeitstisch und einer mit Glasscheiben versehene Versuchsbox mit Abluftabsaugung für chemische Experimente. Und die gingen manchmal mit Puff und Knall über die Bühne und rochen auch nicht gut. Der Bereich in dem die Schüler saßen, war treppenförmig angelegt und ermöglichte von jedem Platz eine optimale Sicht auf die Versuche. Die Bucher Schule und auch andere Schulen in Berlin verfügten nicht über so einen hervorragend ausgestatteten Klassenraum. Man benahm sich hier auch anders, nasse Schwämme oder andere Wurfgeschosse flogen nicht durch diesen Raum. Am Ende jeden Schuljahres, und deshalb ist mir Herr Steuck unvergessen, erzählte er aus dem Bauch irgendeine Geschichte, die er sich selbst ausgedacht hatte, und in die er eine Kuriosität und witzige Begebenheit nach der anderen reihte, dass wir aus dem Lachen gar nicht mehr herauskamen. Eine geschlagene Unterrichtsstunde ohne Unterbrechung traktierte er mit todernster Miene aber einem kleinen Lächeln in den Augenwinkeln unsere Lachmuskulatur. Er war ein Naturtalent und wir waren alle der Meinung, dass er auf eine Bühne gehörte.

In der 6. oder 7. Klasse bekamen wir als Russischlehrer Herrn Fricke, der auch später in den Westen ging. Er war jung und lustig und auch recht sportlich. Bei einem Fußballspiel Schüler gegen Lehrer rannte er wie ein Wiesel über den Sportplatz und ließ dem fülligen Lehrer Wrobel weit hinter sich. Wer damals gewonnen hat, weiß ich übrigens nicht mehr. Herr Fricke meinte es mit dem Russischlernen ernst, die Zeiten der 5. Klasse mit den leichten Übungen Nina, Nina tam Kartina waren längst vorbei, Vokabelpauken und Rechtschreiberegeln waren angesagt. Die Sprachpraxis, in der Schule allgemein eher unterbelichtet, war sein Credo. Dazu fuhren wir mit der Klasse per S-Bahn nach Röntgental. In der Nähe des Bahnhofes waren ein oder zwei Baracken der Sowjettruppen für Soldaten, die auf dem Bahnhof Röntgental die Ausweiskontrollen beim Verlassen des Bahnhofes durchzuführen hatten. Die Westberliner durften nur bis Buch als Teil Berlins; Röntgental lag schon in der DDR oder wie sie sagten, in der Sowjetzone und war für sie unzugänglich. Wir also mit Lehrer Fricke an der Spitze zu den Baracken, wo sich die dienstfreien Soldaten aufhielten. Im Nu war per russisch Kontakt hergestellt und ein munteres Kauderwelschen nahm seinen Lauf. Im Laufe des Besuchs sang Lehrer Fricke russische und deutsche

Volkslieder. Einigen Soldaten standen die Tränen in den Augen. Schon damals waren einige von uns, wie ich, Trophäensammler und ein aus Messing bestehendes Uniformabzeichen erregte mein Interesse. Ich wollte von dem netten Soldaten eigentlich nur wissen, was das für ein Stück sei, schon zog er ein Messer und säbelte es von seiner Uniform ab und schenkte es mir. Jedenfalls war dieser Besuch am Nachmittag ein schönes Erlebnis, blieb aber leider einmalig. Ob sich Herr Fricke den Besuch vorher genehmigen ließ, kann ich nicht sagen. Wahrscheinlich nicht, denn zum allgemeinen Bedauern wurde er nicht wiederholt.

Es wäre von vielen Lehrern zu berichten, an manche erinnert man sich im guten wie im schlechten Sinn, manche hat man einfach nur vergessen. Interessanter und im Gedächtnis hängengeblieben sind nicht die normalen Dinge, die sonst den Schulalltag bestimmt haben, sondern die außergewöhnlichen oder seltenen, wie beispielsweise unsere mehrtägigen Klassenfahrten in den oberen Klassen, wie die nach Ützdorf bei Wandlitz oder eine Winterwoche nach Hermsdorf ins Erzgebirge. In beiden Fahrten dienten Jugendherbergen als Quartier. Das Geld für die Fahrten setzte sich zusammen aus einem Zuschuss von der Schule und aus der Klassenkasse. Die hatten wir bei Sammelaktionen mit Altstoffen und deren Verkauf bei Kerkow hinter der Alten Schule gut gefüllt.
Gelegentlich wurden wir von der Schule beauftragt für irgendeinen Zweck außerhalb der Schulzeit bei den Karowern zu sammeln. Dazu zogen immer kleine Trupps von 2 bis 3 Schülern durch ihr Wohngebiet, klingelten bei den Bewohnern und brachten mit Sammellisten versehen unser Anliegen vor. Die meisten Leute waren gebefreudig, andere aber scheuchten uns fort. Am erfolgreichsten verlief eine Sammelaktion für die Schaffung des Tierparks in Friedrichsfelde, da öffneten die Leute ihre Geldbörsen.

In den unteren Klassen wurden die Schüler regelmäßig während der Schulzeit von Ärzten untersucht, ob es irgendwelche Auffälligkeiten oder körperliche Beschwerden gab. Das galt vom Kopf einschließlich der Zähne bis zu den Füßen. Bei mir stellte man fest, dass ich neben anderen Schülern Plattfüße hatte. Ein Arztbesuch wurde empfohlen, durchgeführt und Physiotherapie verschrieben. Und weil noch andere Schüler irgendwelche gleichgearteten Probleme hatten, richtete man zusätzlich in der Schule einmal in der Woche am Nachmittag eine orthopädische Turnstunde unter Leitung unserer Sportlehrerin Frau Dargusch ein. Neben unseren Spezialübungen, spielten wir dort auch herrliche Spiele, wo es mit der Disziplin nicht so ernst genommen wurde. Jedenfalls war dies erfolgreich, meine Plattfüße wurden weniger platt.

In der 6. Klasse bekamen wir Schwimmunterricht und zwar in der Berliner Gartenstraße in der dortigen Schwimmhalle, die noch aus der Vorkriegszeit stammte. Mit Schwimmsachen versehen, wozu damals unbedingt eine Badekappe gehörte, fuhren wir mit der S-Bahn vom Bahnhof Karow zum unterirdischen Nordbahnhof. Eine Mauer gab es noch nicht in Berlin und auf der Strecke lagen die Westbahnhöfe Gesundbrunnen und Humboldthain. Das war für uns und den begleitenden Lehrer völlig normal.

Eine Episode ist zu berichten, weil sie der Anfang für meinen späteren privaten und beruflichen Lebensweg war. Dazu muss man wissen, dass in der Schule, schon vor, vermehrt ab der 5. Klasse, von den meisten Schülern viele kleine, augenblicklich interessante Dinge, die ein Kinderleben schön und interessant machten, mit zur Schule gebracht, gezeigt und dann auch getauscht wurden. Zu den Dingen, die schon vor der 5. Klasse dazu gehörten, sind Lackbilder zu nennen, vor allem aber im Frühjahr Murmeln. Wohl jeder hatte im Frühjahr ein kleines Beutelchen mit Murmeln gefüllt bei sich und in den Pausen und natürlich auch zu Hause murmelte man mit den ersten warmen Sonnenstrahlen, die die Frühlingssonne schickte, um die Wette. Die eingesetzten Murmeln verfielen nach ungeschriebenen Murmelgesetzen dem Gewinner. Die Murmeln hatten im Spiel feste Wertrelationen zueinander und wurden so auch getauscht. Die einfachen Murmeln aus Steinzeug, die es überall zu kaufen gab, bildete die unterste Wertstufe 1. Große Murmeln, von uns Bucker genannt, werteten je nach Größe als 5 oder 10. Bucker aus Glas mit farbigen Einlagen gab man nicht unter 20 in den Spieleinsatz oder Tausch. Die besonders schönen Murmeln aus dem Westen, die grelle Farben hatten und mitunter glitzerten, wurden ebenfalls höher bewertet. Am höchsten aber fiel die Bewertung für Stahlkugeln aus alten Auto-Kugellagern ins Gewicht. Dazu hatte nur ein Schüler Zugang, dessen Familienangehöriger auf dem Autoplatz arbeitete, der gegenüber der Alten Schule auf einer ehemaligen Tankstelle arbeitete. Ob das eine Autoverschrottung war oder ob es dort eine Autowerkstatt gab, vermag ich nicht zu sagen, jedenfalls bezog er von dort seine Stahlkugeln und war gefragter Tauschpartner.

Getauscht wurde was das Zeug hielt, mitunter konnte man von einer regelrechten Tauschmanie sprechen. Dazu gehörten kleine Schauspielerbilder, die den Kaugummipackungen beigelegt waren, oder Bilder aus aller Welt in Postkartengröße der Margarine-Firma Sanella. Auch von einer Margarine-Firma stammten kleine weiße Plastefiguren, die man aufstellen konnte und wo man hübsche Zusammenstellungen, z.B. Tiere, zusammentragen konnte. Alles Westerzeugnisse. Comic-Hefte gehörten ebenfalls dazu, sowie die neuen Mosaik-Hefte aus der DDR. Mit den westlichen Comic-Heften durfte man sich allerdings nicht in der Schule erwischen lassen. Einmal, noch in der Alten Schule, traf es einen Schüler, der einige Hefte bei sich hatte, im Unterricht damit hantierte und natürlich auffiel. Frau Müller konfiszierte die Hefte augenblicklich und steckte diese in das Ofenfeuer. Das wirkte und West-Comics habe ich in meiner Klasse nicht mehr gesehen.

Eine Kuriosität ist hier einzuschieben, die im weitesten Sinn auch die Sammelwut bediente, aber nicht nur. Es war schon in der 7. oder 8. Klasse, da waren für Mädchen Pullover aus Angorawolle in großer Farbenvielfalt modern. Für uns war es normal, dass es in der DDR nur Unterricht für Mädchen und Jungen gemeinsam gab. Dementsprechend saßen wir auch im Klassenraum bunt durcheinander, meist paarweise zwei Jungen, zwei Mädchen. Nun muss es irgendwann im Unterricht gewesen sein, das Jungen sich langweilten oder die Mädchen ärgern wollten, und hinten am Rücken der Mädchen von den Pullovern kleine Angorawollebüschel zupften und diese in ein Buch einlegten. Die Nachbarin, ebenfalls im Angorapullover, war als nächstes dran und zwei verschiedenfarbige Wollbüschel gepresst im Buch sahen schon hübsch aus. Wenn die ganze weibliche Klassengemeinschaft durchgezupft war, erhielt man ein vielfarbiges Wollbüschelblatt. Die Mädchen übernahmen die Innovation und bezupften sich gegenseitig. Es spielte sicher auch eine Rolle, dass erste amourösen Annäherungen zwischen einigen Jungen und Mädchen stattfanden und ein Bezupfen am Rücken den Mädchen nicht gerade unangenehm war.

Die Dinge, die getauscht wurden, hatten allgemein nur eine kurze Konjunktur, danach waren sie vergessen und etwas Neues geriet in den Focus der Schüler.

Zu diesen Dingen gehörten irgendwann in der 6. Klasse auch Briefmarken. Fast jeder brachte irgendwelche von zu Hause mit, bewunderte die der anderen und tauschte. Nach einer kurzen Zeit hatte ich, auch aus häuslicher oder verwandtschaftlicher Quelle, eine beträchtliche Anzahl zusammen. Wie die Dinger nun als Sammlung präsentieren? Von meiner Schwester hatte ich einen gebrauchten Vorlageordner aus ihrem Büro, wo die Innenseiten aus Pappen mit Löchern versehen waren, damit der Benutzer Seitendurchblick von der ersten bis zur letzten Seite mit einem Blick hatte. Was im Bürobetrieb Sinn machte, war meiner Briefmarkenpräsentierung im Wege. So schrieb ich oben auf die Seite das betreffende Land, aus der die Briefmarken stammten. Darunter klebte ich mit Duosan Rapid, einem damals gebräuchlichen Alleskleber, die Briefmarken auf die Pappseiten und überall wo sich die Sichtlöcher befanden, habe ich diese kunstvoll überklebt. Mein Onkel Max, ein Briefmarkensammler, dem ich nach Wochen mein Werk stolz präsentierte, schlug die Hände über den Kopf zusammen und klärte mich auf, wie sorgsam ein Briefmarkensammler mit seinen Marken umzugehen hatte. Da waren die Briefmarken für mich erledigt, denn mit rohen Eiern war besser zu Händeln, als mit diesen kleinen Papierschnipseln.

Glücklicherweise war auch in der Schule die Briefmarkenwelle vorbei und hatte einer neuen Welle Platz gemacht, dem Münzensammeln. Münzen waren robuster, man konnte sie in der Hand halten und drehen. Schon deshalb waren sie etwas anderes als Briefmarken und sie faszinierten mich von Anfang an. Da gab es Münzen aus Belgien mit einem runden Loch in der Mitte und gelbliche mit einem viereckigen Loch aus China. Metalle, wo man nicht wusste, welche es waren, regten zum Forschen an. War die schöne goldfarbene etwa aus echtem Gold? Aufschriften, wo man schon die Schriftzeichen nicht lesen konnte, beschäftigten mich stundenlang. In kürzester Zeit tauschte ich mir eine ganze Anzahl von Münzen ein und setzte als Tauschobjekt meine Lineol-Indianer ein, von denen ich mittlerweile einen ganzen Karton voll hatte. Mein Tausch war besonders erfolgreich, da sich das allgemeine Interesse in der Klasse neuen Dingen zuwandte und die Münzen für die meisten uninteressant geworden waren. Da konnte ich dann eine reiche Ernte einfahren. Durch Zufall haben sich ganz wenige Hefte aus meiner Schulzeit bis heute erhalten. Dazu gehört auch ein Heft für Aufsätze und unter dem Datum 21. 5. (19)57 habe ich einen Aufsatz über dieses, mein neues Hobby geschrieben. Das Aufsatzthema „Meine Lieblingsbeschäftigung" und die Gliederung in Einleitung, Hauptteil und Schluss war vom Deutsch-Lehrer Herrn Kaegebein vorgegeben. Der Kuriosität halber, weil es praktisch mein erster „numismatischer" Beitrag war, möchte ich den Aufsatz hier im Wortlaut einbringen, die wenigen orthografischen Fehler habe ich bereinigt.

MEINE LIEBLINGSBESCHÄFTIGUNG

Einleitung

An einem Sonntag ging ich mit meiner Schwester ins Museum. Da ich mich für Geschichte sehr interessiere, beschlossen wir diesen Besuch. Unter vielen anderen Dingen sahen wir auch alte Münzen. Ich war von den Münzen begeistert, dass ich mir vornahm, sie zu sammeln. So kam ich zum Münzensammeln.

Hauptteil

Bei allen Verwandten, Bekannten und Kameraden fragte ich nach Münzen. Ich hatte Glück, bereits nach einem halben Jahr hatte ich ungefähr 50 Münzen. Die Münzen lege ich in alte Lesekästen und Streichholzschachteln. Sie werden nach Ländern und nach Jahren sortiert. Wenn ich eine neue Münze bekommen habe, putze ich sie und betrachte sie unter der Lupe. Dann wird die Münze in die entsprechende Schachtel gelegt. Sehr komisch sehen die chinesischen Münzen aus. Sie sind aus Bronze und haben in der Mitte ein viereckiges Loch. Zurzeit habe ich 236 Münzen.

Von meinem Onkel bekam ich eine Münze aus dem Jahr 1752. Sie ist meine älteste Münze. Eine weitere Münze aus dem Jahre 1773 ist meine beste Münze. Sie ist zurzeit August des Starken geprägt worden. Außerdem habe ich meiner Münzensammlung noch alte Orden und Amulette beigefügt. Die meisten alten Geldstücke sind aus Gold, Silber und Kupfer. Die Orden sind aus Bronze und Nickel.

Schluss

Mein Ziel ist es, die Münzensammlung ständig zu erweitern und im Geschichtsunterricht die Zensuren noch mehr zu verbessern.

Für diesen Aufsatz habe ich eine 1- bekommen, gezeichnet vom Deutsch-Lehrer W. Kaegebein

Kleiner Kommentar dazu, versteht sich aus heutiger Sicht. Ich habe bei dem Aufsatz natürlich den Anlass meines Sammelbeginns unterschlagen, bzw. falsch dargestellt. Grund war die Tauscherei und Kaupelei in der Schule, die man in einem Schulaufsatz natürlich nicht so beschreiben konnte. Der Museumsbesuch mit meiner Schwester im Bodemuseum hat stattgefunden, aber erst später, als mich die Numismatik bereits gepackt hatte. Ich muss mich weiter entschuldigen, dass ich Münzen geputzt habe; die ziemlich schlimmste Missetat, die man einem Münzsammler anlasten kann. Dass Friedrich August III. von Sachsen, von dem ich einen Taler aus dem Jahr 1773 besaß, nicht identisch war mit August dem Starken von Sachsen/Polen, habe ich erst später erkannt. Den Unterschied zwischen Medaillen, Plaketten, Orden und Amuletten habe ich auch erst sehr viel später begriffen und habe nur das wiedergegeben, was ich von Erwachsenen hörte. Und die hatten auch keine Ahnung. Alles andere ist richtig und erstaunt hat mich selbst, dass ich im Mai 1957 bereits 236 Münzen mein Eigen nannte. Goldmünzen waren im Übrigen nicht darunter, nur solche, die ich dafür hielt. An Hand dieses Aufsatzes kann ich den Beginn meiner Münzsammelei etwa auf die Zeit Ende 1956 eingrenzen.

Manchmal hat es doch Sinn alte Schulhefte aufzubewahren.

Beim Nachdenken und Schreiben über den Beginn meines Sammlerlebens, das bis heute der Numismatik gewidmet ist und mir in den 1970er Jahren eine neue berufliche Perspektive aufzeigte, komme ich zu dem Schluss, dass neben dem wohl angeborenen Naturell Strukturen durch Sammeln zu ergründen, die in Berlin so sichtbar verschiedenen deutschen Währungsverhältnisse dazu beigetragen haben. Schon 1951/52, ich kannte nur die Münzen von 1 bis 50 Pfennige, wunderte ich mich über die Gegensätzlichkeit beider Münzreihen der BRD und DDR. Die DDR hatte Münzen 1, 5 und 10 Pfennig aus Aluminium und 50 Pfennig aus einer Kupferlegierung – also drei Mal silberfarben und ein Mal dunkel. Die BRD-Münzen der gleichen Nominale waren aus Eisen mit Kupfer oder Tombak plattiert, das 50 Pfennig-Stück aus Kupfernickel – also drei Mal dunkel, einmal silberfarben. Genau umgekehrt wie die DDR-Münzen. In solch einfachen Farbschemen denkt ein kindliches Gehirn. Dann fand ich bemerkenswert, dass es in der DDR auch einen blauen 50 Pfennig-Schein gab und fragte mich, warum Schein und Münze für ein Nominal. Die Westscheine zu ½ Mark und die 5 und 10 Pfennig-Scheine waren mir damals völlig unbekannt und natürlich auch die höheren Nominale sowohl bei Münzen als auch bei Geldscheinen. Dann beschäftigte mich, warum man für ein silberfarbenes 50 Pfennig-Stück der BRD gleich 5 Stücke gleichen Nominals der DDR bekam. Beide Stücke waren außer in der Farbe etwa gleich groß und die Bilder auf ihnen, kniende Frau mit Eichenbäumchen bzw. Fabrik und Pflug, waren doch beide interessant. Fragen über Fragen.

Meine Leistungen in der Schule waren so einigermaßen. Die 2 war die häufigste Zensur die ich erhielt. Eine 5, damals die schlechteste Note, habe ich nie erhalten. Zweimal wurde ich sogar für gute Leistungen ausgezeichnet, Das eine Mal mit einem Buch, das andere Mal 1956 mit dem Abzeichen „Für gute Arbeit in der Schule". Das Abzeichen besitze ich heute noch und verbindet sich mit ein bisschen Stolz. Zu den sehr guten Schülern habe ich nie gehört, wie z.B. Heike Christofzik, Christiane Lichtenfeld, Monika Frede und Hans-Christian Dopheide. Besonders Christiane Lichtenfeld, für die ich im Übrigen unerwidert schwärmte, war Jahr für Jahr die Klassenbeste, die dann auch, wie die anderen Genannten, zur Oberschule gingen.

Über einen Schulskandal gibt es noch zu berichten, der damals die Schule beschäftigte und der auch meine Eltern nicht unberührt ließ. Etwa 1956/57 hatte ein jüngerer Lehrer auf einer Lehrerkonferenz den Satz geäußert, dass Arbeiterkinder im Suff gezeugt werden. Große Empörung in der Schule. Die Eltern wurden eingeladen (die Einladung habe ich gelesen) auf einer Schulversammlung in der Turnhalle zu erscheinen, auf der sich der betreffende Lehrer zu seiner Entgleisung äußern sollte. Dazu kam es allerdings nicht, da der Lehrer sich in den Westen absetzte.

Lässt man die Karower Schulzeit heute Revue passieren, ist festzuhalten, dass es eine sehr schöne Zeit war. Wohlbehütet von der Schule, mit guten Lernbedingungen ausgestattet, Lehrer, die sich in den meisten Fällen größte

Mühe gaben und immer hilfsbereit waren und ein Lernstoff, der sowohl für die Berufsausbildung, als auch für die schulische Weiterbildung, die notwendige Basis bot.

Abgeschlossen wurde diese Schulzeit mit einer umfangreichen Prüfung in mehreren Fächern sowohl in schriftlicher als auch in mündlicher Form. Die Prüfung hatte es in sich und an meine Prüfungsangst kann ich mich noch heute erinnern. Als Endergebnis stand dann schließlich auf dem Abschlusszeugnis der Grundschule „Gut bestanden". Na bitte. Für die Oberschule reichten meine Leistungen allerdings nicht. Auch der Umstand, dass meine Eltern zur Arbeiterklasse zählten, deren Kinder gefördert werden sollten, konnte dabei nicht helfen. Meine Freunde Jürgen und Peter nahmen eine Berufsausbildung in Angriff, mein Weg führte nach Buch in die Mittelschule.

Abschließend zu diesem Kapitel möchte ich Namen nennen von meinen Mitschülern, die mir nach so langer Zeit einfallen. Es sind längst nicht alle darunter, denn zum einen gab es im Laufe der acht Jahre Zu- und Abgänge und einige Schüler sind mir einfach aus dem Gedächtnis entschwunden. Leider wurde niemals von diesem Schülerkreis ein Klassentreffen organisiert, so dass ich manchen Schüler seit 1958 nicht wiedergesehen habe. Dazu kommt, dass die meisten Mädchen wohl heute einen anderen Familiennamen führen. Wahrscheinlich bin ich dem einen oder anderen später begegnet, habe aber keinen erkannt.

<u>Die Namen der Jungen:</u> Jürgen Thurack, Klaus-Peter Brockhaus, Manfred Dirschke, Edgar Dommasch, Hans-Christian Dopheide, Joachim Quetschke, Joachim Thaele, Hartmut (Hatty) Genz, Alban von Montbe, Gerd Michaelis, Joachim Grotzny, Detlef Krüger, Klaus-Dieter Olias, Wolfgang Vogel, Joachim Bork, Dieter Wilhelm, Wolfgang Franke, Rainer Boldt, Werner Brandt, Ulf Knopik, Hans-Dieter Wesendorf , ? Heimburger und Rolf ?
<u>Die Namen der Mädchen:</u> Christiane Lichtenfeld, Heike Christofzik, Helga Pagel, Marianne Sydow, Gabriele Hup, Karin Brockhaus, Ingrid Pilz, Monika Frede, Rosemarie Wotzny, Dagmar Pauly, Ingrid und Eveline Matthies, Hildburg Blei, Emmi Küttner, Zwetlana Wagner, Meike Lade, Petra Mehlhorn, Gitta Paul, Astrid Witzig, Wilma Weber, Almut Hildenhagen, Renate Sommerfeld, Dagmar Selle, Regina Boris

Schulzeit in Buch 1958 bis 1960

Mit dem 1. September 1958 begann merkbar ein neuer Lebensabschnitt für mich. Hatte uns schon der Festredner zu meiner Jugendweihe im Frühjahr des gleichen Jahres und die Direktorin der 14. Grundschule in Karow, Frau Schmehl, bei ihren Abschlussworten anlässlich der Übergabe des Abschlusszeugnisses auf neue Herausforderungen und Veränderungen in unserem zukünftigen Leben eingestimmt, war die neue Wirklichkeit mit dem Betreten der Bucher Schule greifbar geworden. Alles war zunächst einmal an der 4. Mittelschule in Buch neu. Halt boten einige Klassenkameraden, die wie ich von Karow nach Buch gewechselt waren. Ich freundete mich mit Heinz Neugebauer aus der Siedlung an, der in Karow in die Parallelklasse gegangen war und den ich vom Sehen kannte. Wir haben die Zeit in Buch gut gemeistert und uns gegenseitig unterstützt.

Zunächst einmal zu den Schülern. Wir stellten gewissermaßen eine Auswahl dar, wie uns die neue Russisch-Lehrerin Frau Freyer, mehrmals bei irgendwelchen Albernheiten seitens der Schüler mahnend sagte. Uns Schüler sprach sie mit „Sie" an, was nun völlig ungewohnt für meine Ohren klang, wenn sie „Herr Priese" sagte. Andere Lehrer duzten uns aber weiter, allerdings fragten sie vorher, ob wir etwas dagegen hatten. Manche siezten uns aber mit Nennung des Vornamens.

Die Schüler unserer Klasse kamen aus Buch selbst, aus Karow, Blankenburg und Buchholz. Für die nördlichen Ortsteile von Pankow war Buch die einzige Mittelschule und bot die Klassenstufen 9 und 10 an, beschulte natürlich auch Schüler der Klassen 1 bis 8 und selektierte nach Abschluss der 8. Klasse. Zwei Schüler kamen aus Zepernick bzw. Schwanebeck, die hatten wohl durch einen Anmeldetrick den Zugang zu einer Berliner Schule erreicht. Das Siedlungsgebiet von Buch, Zepernick und Schwanebeck ging sowieso nahtlos ineinander über. Im Grunde störte die Stadtgrenze nur, zumal sie ständig kontrolliert wurde. Eine Schülerin, Ingrid Gutsche, kam sogar jeden Tag aus Tempelhof zu uns. Keiner fragte warum, die Grenze war noch offen und es war eben so.

Neue Fächer oder alte Fächer mit anderen Inhalten bestimmten den Lernstoff. Zu den neuen Fächern gehörten Astronomie, Technisches Zeichnen und als völlig neue Disziplin der Unterrichtstag in der sozialistischen Produktion. Einmal in der Woche belegte ein ganzer Schultag diesen UTP, wie er abkürzend genannt wurde. Im ersten Jahr, in der 9. Klasse, wurde er auf dem Volksgut Buch durchgeführt und in der 10. Klasse im VEB Leuchtenbau Berlin an der Boxhagener Straße.

Das Jahr im Bucher Gut war eigentlich interessant, obwohl für die Landwirtschaft seitens unserer Klasse wenig Interesse bestand. Wir lernten die verschiedensten Bereiche kennen, den Feldbau, pflückten Obst von den Bäumen an den Wegen der Rieselfelder, lernten den Gutshof kennen, vor allem den Speicher, wo sich heute ein Hotel und eine Gaststätte befinden. An die Tiere ließ man uns nicht heran, lediglich dass wir auf den Fahrten zu den Feldern die Zügel der Pferdegespanne in die Hand nehmen und das Gefährt führen durften. Zum Gut gehörte auch eine Traktorenstation, dort wo heute Mercedes residiert. Vorrangig hatte man alte Traktoren aus der Vorkriegszeit der Marke Lanz Bulldog im Bestand. Die Dinger in Gang zu setzen war schon ein Erlebnis, schwer die Einzelteile, die ausgebaut und repariert werden mussten, ganz zu schweigen, wie hinterher die Hände aussahen, schwarz voller Schmiere. Zur Ausbildung gehörte im Frühjahr 1959 ein zweiwöchiges Landpraktikum in Flemsdorf in der Nähe von Angermünde. Es erwartete uns ein gut ausgestattetes Landschulheim mit einem kleinen See hinter dem Objekt. Dort angelten wir in der Freizeit um die Wette. Angelzeug kaufte man für geringes Geld im Dorfkonsum, die Rute wurde aus dem Gebüsch am See geschnitten. Die Fische bissen wie verrückt als ob sie nur auf uns gewartet hätten. Meisten warfen wir die Fische wieder ins Wasser, die streuenden Katzen, die wir zunächst mit ihnen versorgten, hatten nach kurzer Zeit genug und schnupperten nur noch an den Fischen. Eingesetzt wurden wir auf den Feldern des Gutes Flemsdorf und nun auch in den Ställen. Da war mir das Feld lieber als der Schweinestall, wo ich mit ausmisten musste und wo es entsetzlich stank. Bei einem Einsatz auf einem riesigen Feld, wo man das Ende kaum sah, haben wir mit Sträflingen zusammengearbeitet. Natürlich streng getrennt und auch in gebührenden Abstand. Die etwa 20 Sträflinge in blauen Anzügen mit gelben Streifen wurden nur von einem Polizisten mit Schäferhund bewacht. Wir spekulierten nun wild darauf los, dass es doch für die Sträflinge eine Kleinigkeit sein müsste den Polizisten kaltzustellen und in Richtung Westberlin abzuhauen. Die Grenze war ja noch offen und Kleidung könnte man sich irgendwie beschaffen. Wahrscheinlich arbeiteten auf dem Feld leichtere Fälle und die wollten sicher nur schnell zu ihren Familien zurückkehren. Zum Gut Flemsdorf gehörte auch das Vorwerk Criewen an der Oder, wo ich zweimal eingesetzt wurde. Criewen mit seinem Schloss und dem Schlossgarten gefiel mir wesentlich besser, als das ziemlich langweilige Flemsdorf. Bis heute ist Criewen ein immer wieder angesteuertes Ziel für Ausflüge unserer Familie und für Radtouren entlang der Oder.

Zum Abschluss des Schuljahres im Fach UTP Sparte Landwirtschaft gab es noch ein besonderes Bonbon. Auf dem Ferienspielplatz in Buch, der einen weiten, ovalen Rundumweg aufwies, lernten wir Traktorfahren. Das machte natürlich enormen Spaß einmal selbst hinter dem Lenkrad zu sitzen und das Gefährt zu beherrschen. Wir waren ja meistens erst 15 Jahre alt und lediglich Moped tauglich. Bis auf einen Schüler, Peter Schwertner, besaß niemand ein Moped von uns und stand auch keines in Aussicht. Offensichtlich habe ich mich bei der Prüfung ganz gut angestellt, denn ich durfte am Ende den Traktor vom

Ferienspielplatz über öffentliche Straßen zum Gut Buch fahren, natürlich mit dem Fahrlehrer auf dem Beisitz. Über die Fahrschulprüfung erhielt jeder Schüler eine Urkunde und es hatten wohl alle bestanden.

Urkunde über die Fahrprüfung auf Traktoren im Rahmen der Unterrichtstages in der sozialistischen Produktion 1960

Ganz anders gestaltete sich der UTP im VEB Leuchtenbau. Zunächst einmal musste man früh aufstehen, mit dem Bus 42 bis zur Weissenseer Spitze fahren und dort in die Straßenbahnlinie 3 einsteigen, die bis zur Boxhagener Straße fuhr. Das war ein Arbeitsweg, typisch für Berlin von der Länge und vom Umsteigen her. Der Betrieb war in einem Altbau untergebracht, aber gut und modern ausgestattet. Er produzierte Leuchten für den gewerblichen Gebrauch in den vielfältigsten Formen. Man schulte uns wie Lehrlinge zuerst mit grundlegenden Arbeiten. Da wäre beispielsweise zu nennen Blech biegen und schneiden, bohren, hart löten. Nach einiger Zeit wurden wir schon eingesetzt, um an einfachen Werkstücken Löcher zu bohren und anschließend zu entgraten. Man bekam eine Kiste solcher Werkstücke und eine Bohrmaschine zugewiesen und sollte nun möglichst viele in guter Qualität bearbeiten. Einmal habe ich sogar einen Tag an einem Montagefließband gearbeitet.

Man muss dazu nun aber sagen, dass ein Teil des Tages im UTP sowohl im Gut Buch als auch im VEB Leuchtenbau mit Theorie, Arbeitsschutzbelehrungen usw. ausgefüllt war. Und das Arbeitstempo gestaltete sich ebenfalls recht gemächlich. Die Betriebe werden wohl mehr Kosten als Nutzen von unserem Einsatz gehabt haben. Aber es ging schließlich um Ausbildung von jungen Menschen. Mir hat der UTP jedenfalls gebracht, dass ich wusste, was ich nach der Schule nicht werden wollte, nämlich Bauer oder Industriearbeiter. Und er hat mir das Gefühl vermittelt, dass menschliche Arbeit, egal wo, notwendig, mitunter schwer und schmutzig ist und den Menschen, die sie ausführen, Achtung gebührt.

In der Grundschule in Karow durfte ich nicht in die Jungen Pioniere eintreten. In Buch stand nun der Eintritt in die FDJ an, den ich vollzog, ohne meine Eltern um Erlaubnis zu bitten. Laut Jugendweihesprüchen gehörte ich nicht mehr zu den Kindern und verteidigte meine Entscheidung. Mit der FDJ konnte man Dinge schneller voranbringen. Zwei Beispiele will ich nennen. Unser Klassenraum in Buch mit Blick auf den S-Bahnhof war renovierungsbedürftig. Deshalb schlugen wir vor, den Klassenraum durch die Schüler selbst zu renovieren. Die Schule war sofort einverstanden und unsere rührige Klassenlehrerin, Frau Gervens, die ihre Schüler immer unterstützt hat, nahm die Organisation in die Hand. Die Bedingung, die wir stellten war die, dass wir den Klassenraum nach unseren Vorstellungen gestalten wollten. Die Bedingung wurde angenommen. Die Decke des Klassenzimmers haben wir wieder in weiß gestrichen, aber die vier Wände jeweils in einer anderen Farbe. Die Eingangstür und den breiten Eingangsbereich, wofür ich verantwortlich war, wurde in gelb mit schwarzen Streifen gestrichen. Ich hatte das in einem Westberliner Kino gesehen und fand es todschick und die anderen auch. Jedenfalls hat die ganze Klasse mitgemacht und wir waren ordentlich stolz auf unser Ergebnis. Die Schule freute sich und geizte auch nicht mit kleinen Auszeichnungen für die aktivsten. Ich bekam ein FDJ-Hemd, was ich aber nur ganz wenige Male getragen habe, ein FDJ-Abzeichen musste genügen. Das bessere Ergebnis war, dass wir uns in diesem Klassenraum wohlfühlten und mit ihm sorgsam umgingen.

Das andere Beispiel das ich nennen will, ist die Veranstaltung von Tanzpartys in der Schule am Sonnabendnachmittag. Ein Tonbandgerät war vorhanden und flotte Musik auf Bändern brachte Peter Schwertner mit. Frau Gervens organisierte die Herstellung einer Bowle und die Party konnte im Filmraum, den wir umräumten und mit einer Tanzfläche ausstatteten, starten. Nun konnte keiner von den Jungen tanzen, einige Mädchen waren etwas weiter aber es haperte auch bei ihnen. Die Rock`on Roll-Titel von Elvis Presley, Bill Haley, Pat

Boone und anderen US-Stars waren natürlich zum Lernen ungeeignet, aber Freddy Quinn beispielsweise war zum Erlernen der Tanzschritte sehr brauchbar. Frau Gervens versuchte Walzer in die Runde einzuführen, was aber, zu mindestens bei mir, misslang. Die Tanzpartys wurden noch einige Mal wiederholt und wie die Jünglinge nun einmal sind, luden wir uns die Mädchen der 10. Klasse ein. Die konnten bestimmt schon besser tanzen, waren weiterentwickelt und es waren sehr, sehr hübsche dabei. Man muss bedenken, dass die Pubertät bei den meisten schon kräftig rumorte. Mir gefiel besonders ein Mädchen namens Petra Unverfehrth, aber als holziger, unbeholfener Jüngling hatte ich natürlich keine Chancen bei dem etwas älteren Mädchen. Erstaunlicherweise nahmen die Mädchen aber unsere Einladung an, obwohl für die Jungen ihrer Klasse die Einladung nicht galt. Im Frühling 1959, es war ein warmer Sonnabendnachmittag bei herrlichstem Wetter, kamen die Mädchen der 10. zu den Jungen der 9., um ihnen das Tanzen beizubringen. Die Erscheinung der Mädchen war ein Traum, sie trugen damals hochmoderne Perlon/Dederonkleider in bunten Farben mit Blumenmuster mit einem Petticoat darunter und schwebten wie ein Frühlingsreigen ein. Sie waren umwerfend anzusehen. Wir dagegen in unseren Jugendweiheanzügen mit Schlips und Kragen wirkten wahrscheinlich wie die Holzböcke. Und tanzen konnten die Mädchen auch. An diesem Nachmittag haben sie meinen Beinen, ja meinem ganzen Körper den Rhythmus des Tanzens eingepflanzt.

Der in der Mittelschule dargebotene Schulstoff bereitete mir keine Schwierigkeiten, nach wie vor war Mathematik nicht mein Ding obwohl Frau Gervens, unsere Klassen- und Mathelehrerin sich größte Mühe gab. Insgesamt hatten wir mit den Lehrern ein sehr gutes, manchmal schon kameradschaftliches Verhältnis und oftmals diskutierten wir auf Augenhöhe mit ihnen. Ich kann mich an eine Diskussion mit dem Musiklehrer, Herrn God erinnern. Neben theoretischen Dingen mussten wir Volkslieder und ähnliche Lieder singen und dazu den Text lernen. Unser Sinn stand aber nach Schlagern, Rock` on Roll oder Jazz und wir sahen gar nicht ein, unsere Hirnkapazität mit Liedertexten zu belasten, die sowieso keiner singen mochte. Aber wir mussten, zähneknirschend zwar und mit Rücksicht auf den sehr netten Musiklehrer.

Einige nachdenkenswerte bzw. lustige Dinge gibt es zu berichten. Wir hatten eine sehr junge zudem noch blonde und hübsche Sportlehrerin. Ein Mitschüler von uns war körperlich schon weit entwickelt, groß gewachsen und ein absolutes Sportass. Er besaß beispielsweise die Fähigkeit auf Händen ohne Unterbrechung in unserer Turnhalle eine große Runde zu laufen. Irgendwie hat es wohl zwischen der Sportlehrerin und ihm gefunkt, obwohl man davon kaum etwas mitbekam. Die Lösung dieses Problems bestand darin, dass der Schüler zur Sportschule delegiert wurde und bei uns ausschied. Obwohl ich auch nur annähernd kein Sportass war, gab es Schüler die noch schlechter waren im Sport. Dazu gehörte auch Joachim Quetschke, der mit mir von Karow nach Buch gewechselt war. Bei einer Übung an den Ringen hing er mit dem Kopf nach unten und dem Po nach oben und machte eine jämmerliche Figur. Die Sportlehrerin beugte sich über ihn, um seine Haltung zu korrigieren. Er bemühte sich nach Kräften und strengte sich sichtbar an, denn sein Kopf in der Kellerposition wurde rot und röter. Bedingt durch die Anstrengungen entfleuchte ihm ein kräftiger Wind und gerade in das Gesicht der über ihn gebeugten Sportlehrerin. Deren Kopf wurde nun noch röter als der des Übeltäters, die übrigen Schüler brüllten vor Lachen. Ich schreibe diese Episode hier auf, weil Joachim schon mit etwa 18 Jahren mit seinem neuen Motorrad auf der Straße am Gorinsee tödlich verunglückte und ihn diese Geschichte nicht mehr ärgern kann. Der Sportunterricht, abgesehen vom Geräteturnen, machte mir dennoch Spaß. Einer unser Schüler, Hans-Jörg Becker, war Amateurboxer in einem Bernauer Verein und gehörte wohl zu den guten Sportlern seiner Gewichtsklasse. Er machte den Vorschlag, uns in der Schulsportstunde die Grundbegriffe des Boxens beizubringen, brachte Boxhandschuhe mit und wir legten los. Unsere Sportlehrerin war einverstanden. Es hat riesigen Spaß gemacht und wir lernten, dass Boxen ein sauberer, ernstzunehmender Sport ist.

Von der Bucher Schule zum Städtischen Krankenhaus Buch, beide in der Wiltbergstraße, gab es Verbindungen, in die wir Schüler einbezogen waren. Ich erinnere mich an ein Treffen mit syrischen Ärzten, die im Bucher Krankenhaus eine Fachausbildung erhielten. Wir diskutierten mit ihnen über ihre Heimat und hatten den Eindruck, dass ihr Land auf einem guten Weg war. Eine andere interessante Begebenheit war, dass die relativ neue Klinik Schlaftherapie in dem herrlichen Neubau Probanden für ihre Versuche suchte und bei uns fündig wurde. Natürlich war ich sofort dabei. Man wurde verkabelt und in einen dunklen Raum gesetzt. Optische und akustische Signale unterbrachen von Zeit zu Zeit die Sitzung im dunklen Raum und die Reaktion des Körpers zeichnete man auf. Für jede Sitzung erhielt man Geld. Das Städtische Krankenhaus warb natürlich bei solchen Gelegenheiten für eine berufliche Perspektive im Gesundheitswesen.

Auch Klassenfahrten wurden unternommen, in der 9. Klasse an die Ostsee, an der ich leider nicht teilnehmen konnte und in der 10. nach Schwarzburg in Thüringen. Der Zusammenhalt in der Klasse war im Allgemeinen sehr gut; wir waren altersmäßig gereift und verantwortungsvoller geworden. Diese Schülergruppe der 9. und 10. Klasse, zumindest ein Teil der Schüler, führen bis heute Klassentreffen durch. Leider lichten sich unsere Reihen allmählich.

Die Mittelschule in Buch wurde ebenfalls wie die Grundschule mit einer großen Prüfung in mehreren Fächern und in schriftlicher und mündlicher Form abgeschlossen. Mein Ergebnis war wieder „Gut bestanden" und damit war ich zufrieden. Das Zeugnis der 9. Klasse firmierte noch unter 4. Mittelschule, das Abschlusszeugnis der 10. Klasse dagegen bereits als 4. Zehnklassige Allgemeinbildende Oberschule Berlin-Buch. 1959/60 wurde in der DDR diese Schulform eingeführt und ich gehörte praktisch zu ihren ersten Absolventen.

Foto von der Abschlussfeier der 10. Klasse in Buch 1960. In der Mitte die Klassenlehrerin Frau Gervens, zweiter von rechts Klaus Priese.

Auch hier an dieser Stelle möchte ich die Namen meiner Mitschüler der Bucher Mittelschule und meiner Klasse nennen, diesmal allerdings vollzählig. Die gute Seele unserer Klasse, die später selbst Lehrerin wurde, Annegret Simon, von allen nur Anne genannt, hat dabei geholfen.

Die Namen der Jungen: Heinz Neugebauer, Bernd Witte, Peter Schwertner, Hans-Jörg Becker, Joachim Quetschke, Robert Niedergesäß, Roland Benthien, Jörg Ludicke, Gerd Kordulla, Dieter Runge, Norbert Grimm
Die Namen der Mädchen: Annegret Simon, Bärbel Griese, Ingrid Gutsche, Helga Strelitzki, Ingrid Buttgereit, Gabriele Reincke, Erika Schwichtenberg, Inge Mieler, Friedel Höfler

Bereits im zeitigen Frühjahr 1960 war die Wahl des weiteren Ausbildungsweges akut geworden. Eigentlich wusste ich nicht so recht welchen Beruf ich ergreifen sollte. Handwerklich war ich eher eine Niete. Selbst die damals begehrten Ausbildungsplätze in der elektrotechnischen Industrie interessierten mich wenig. Eine leichte Begabung im Zeichenunterricht, vielleicht für eine Ausbildung als Grafiker, reichte nach meiner Selbsteinschätzung nicht für eine entsprechende Berufswahl. Der Berufsberater, der in die Schule kam, machte mir den Vorschlag, den Beruf eines Großhandelskaufmannes zu erlernen. Weil mir auch nichts anderes einfiel, aber eine Entscheidung anstand, stimmte ich zu und kam zu einem Beruf der mir Spaß machte und der die Grundlage für meine weitere Entwicklung einschließlich Studium legte. Diese Dinge gehören aber schon in das neue Jahrzehnt, die 1960er Jahre.

DANKSAGUNG

Diese Erinnerungen habe ich 2021 während der Corona-Pandemie aufgeschrieben, da war Zeit genug verfügbar. Fängt man einmal an, in der Vergangenheit zu graben, alte Dokumente, Briefe und Fotos zu sichten, entstehen in der Erinnerung alte Bilder, die man vergessen glaubte. Aber alles kann das eigene Gehirn nicht speichern oder ist heute nicht mehr abrufbar. Diesen Mangel zu beheben haben mir geholfen: meine Schwester Eva Heinrich, mein alter Freund Jürgen Thurack, Annegret Hentschke, geb. Simon, Karin Torge, geb. Brockhaus u.a. Ohne die technische Hilfe meiner Ehefrau Helga bei den Tücken der Computerprogramme, wäre dieses Buch nicht erschienen. Ihnen allen sei Dank